Frank Weber
Einsparbuch
200+ Spartipps

Frank Weber

Einsparbuch

200+ Spartipps

1.Aufl.
- Das kleine Buch zum Thema, Bd.1 -
Bibliografische Information der Deutschen Nationalbibliothek:
Die Deutsche Nationalbibliothek verzeichnet diese Publikation in der Deutschen
Nationalbibliografie; detaillierte bibliografische Daten sind im Internet abrufbar über
http://dnb.dnb.de
© 2022 Frank Weber
ISBN 9783755797562
Herstellung und Verlag: BoD – Books on Demand, Norderstedt

Vorwort

Wie kann ich sparen? Wo soll ich anfangen? Wie soll das gehen, wenn am Ende vom Geld noch so viel Monat übrig bleibt? Wie kann ich meine monatlichen Kosten unter Kontrolle bringen? Wie kann ich am besten mit dem Sparen anfangen?

Das Geld rinnt uns durch die Finger. Mitte des Monats ist die Kohle schon wieder aufgebraucht. Unerbittlich steigen die Kosten für die notwendigsten Dinge. Ein bisschen Lebensqualität wäre ja auch schön. Ein bisschen Geld übrig haben für ein paar schöne Dinge, ein bisschen Geld zum Investieren, zum Vorsorgen für später. Oder nur mal wieder ausgehen. Und so weiter.

Im Einsparbuch finden Sie zahlreiche Tipps und Tricks, wie Sie Ihre Finanzen ein wenig in den Griff bekommen können, wie sie sich über Ihre Kosten und Ausgaben für die Zukunft einen Überblick verschaffen, diese organisieren und optimieren, so dass guterdings am Ende eines Monats in Zukunft vielleicht dann doch noch etwas übrig bleibt.

Vielleicht fällt Ihnen noch die eine oder andere Möglichkeit ein, vielleicht habe Sie Anregungen, wo man zusätzlich noch sparen kann, was noch getan oder besser getan werden kann, um etwas mehr Geld übrig zu behalten, sparen zu können. Dann schreiben Sie mir mit dem Betreff „Einsparbuch" an tessitore@web.de.

Beginnen sie jetzt. Jetzt sofort. Und fangen Sie am besten damit an, daß Sie ein Haushaltsbuch führen; ein Ausgabenjournal, in dem sie jede Ausgabe, wirklich jede, die ab dem heutigen Tag so anfällt, notieren.

Was zunächst als schnöde Kontrolle daher kommt, ist nur der Versuch, daß Sie sich einen Überblick verschaffen über Ihre Ausgaben, die Ihnen im Alltag im Wortsinne alltäglich geworden sind und somit gar nicht mehr bewusst werden. Wenn Sie diesen Überblick haben, können Sie schauen wo Sie Kosten und Ausgaben reduzieren und beginnen mit dem Sparen. Dazu viel Erfolg

Der Verfasser
Marburg, im Januar 2022

Inhalt

9

200+ Spartipps

1. *Einen Überblick über die Finanzen verschaffen.*

Bevor wir mit Sparen beginnen: Kennen Sie ihren eigenen monatlichen Finanzbedarf? Wissen Sie, was Ihnen monatlich zur Verfügung steht? Kennen sie Ihren aktuellen Kontostand? Welche Zahlungen sind demnächst fällig? Welche festen und variablen Kosten haben Sie? Welche Summe benötigen Sie für Einkäufe? Was können Sie sparen? Was kostet der nächste Urlaub? Die nächste Reparatur fürs Auto? Die Sommer- oder Wintergarderobe? Was bleibt für Geschenke oder besondere Wünsche? Können und möchten Sie eine gewisse Summe monatlich zurücklegen?

2. *Ordner anlegen und Finanzen sortieren.*

Legen Sie einen Ordner an und sortieren Sie ihre Finanzen und Belege nach Art, z. B. Einkommen, Miete, Versicherungen, Reparaturen, Tanken, evtl. Bus&Bahn, Auto, Rechnungen, Einkäufe, Vereine, Freizeit, Geschenke, sonst. Ausgaben usw.

3. *Kontoauszüge regelmäßig prüfen.*

Überprüfen Sie regelmäßig Ihre Kontoauszüge. Prüfen Sie, wer wann von Ihrem Konto Geld abgehoben oder eingezogen hat. Unrechtmäßige Abbuchungen können Sie zurückholen lassen. Das dürfte aber selten vorkommen, da für jede Kontobewegung eine Legitimation durch Sie als Kontoinhaber nötig ist. Überprüfen Sie regelmäßig die Buchungen auf Ihrem Konto und behalten Sie so den Überblick.

„Sparsamkeit besteht nicht darin, Geld zu sparen, sondern darin, es klug auszugeben." - Huxley

4. *Zum Onlinebanking anmelden*

Wählen Sie ein Konto, das Onlinebanking zulässt. Auch wenn das mit geringen Gebühren verbunden ist, so könne Sie doch jederzeit Einblick nehmen in ihr Bankkonto. Sie sparen den Weg zum Bankautomat und können vom Handy oder Rechner aus Ihren Kontostand abfragen. Und Sie sparen die Kosten für den Ausdruck. Den Kontoauszug stellt Ihnen die Bank als PDF-Dokument zum Herunterladen und Abspeichern bereit.

5. *Das Konto wenn möglich im Guthabenbereich führen.*

Sparen Sie sich Überziehungszinsen. Auch ein Dispokredit, der zugegebenermaßen ein wenig Spielraum gibt für besondere Wünsche, kostet Geld. Ihre kontoführende Bank stellt Zinsen in Rechnung, die sich durch eine Konto-führung im Guthaben-bereich einsparen lassen. Die Zinsen für eine Kontoüber-ziehung sind in jedem Fall höher als die Zinsen fürs Guthaben.

6. *Haushalts- oder Kassenbuch führen.*

Teilen Sie z. B. eine Seite in zwei Spalten. In der ersten Spalte notieren Sie alle monatlichen Einkünfte (Lohn, Gehalt, Neben-einkommen, Zinsen etc.) und in der zweiten Spalte listen Sie alle Ausgaben auf. Oder nutzen Sie eine passende App.

7. *Ausgaben in fixe und variable Kosten einteilen*

Die Ausgaben teilen Sie ein in fixe oder ständige, monatl. oder jährlich wiederkehrende Kosten wie Miete, Gas, Strom, Telefon (mobil und Festnetz), TV und Internet, Beiträge, Versicherungen, etc. und in variable Ausgaben wie Einkäufe und Lebenshaltungskosten.

8. *Lernen Sie Haushalten.*

Nutzen Sie die Umschlagmethode, das Cash Envelope System: Dafür ermitteln Sie ihre monatlichen Kosten und unterteilen sie in Kategorien z.B. für Lebensmittel, fürs Kino, für Tanken u.a. Für jede Kategorie gibt es einen Briefumschlag, der den jeweiligen Betrag enthält, Die betreffenden Kosten werden dann auch nur aus dem dazugehörenden Briefumschlag bezahlt. Wenn Sie mit dem Betrag, der im Umschlag enthalten ist, nicht auskommen, ermitteln Sie ihren Bedarf neu und versuchen dann, mit dem Umschlaginhalt auszukommen.

Oder Sie nutzen die 50-30-20-Fegel: Reduzieren ihre laufenden Lebenshaltungskosten für z.B. Miete, Lebensmittel, Auto, Strom, Gas und anderes auf 50% und reservieren 30% für Hobby und Freizeit, Urlaub und Shopping. Dann bleiben noch 20% übrig, die Sie als Reserve zurücklegen oder in eine passende Geldanlage investieren können.
Und vermeiden Sie finanzielle Engpässe.

9. *Vergleichen Sie mit anderen.*

„Über Geld spricht man nicht!" war vielleicht der erste Gedanke. Fragen sie bei Ihrer Bank oder suchen Sie im Netz nach Vergleichsmöglichkeiten oder Referenzbudgets, dann vergleichen Sie ermitteln, wo Sie Kosten optimieren können.

10. *Einen festen Betrag als Reserve behalten.*

Legen Sie sich einen festen Betrag als Reserve zurück, z.B. auf ein Tagesgeldkonto, für einen plötzlich eintretenden Bedarf, wenn z.B. Spül- oder Waschmaschine, Staubsauger, Rechner oder TV den Geist aufgeben und kurzfristig ersetzt werden müssen. Den verbrauchten Betrag füllen Sie dann sobald möglich wieder auf.

11. *Ein Sparbuch fürs Guthaben eröffnen.*

Haben Sie noch ein altes Sparbuch? Wenn nicht, dann eröffnen Sie ein Sparbuch bei Ihrer Bank für ihr Guthaben, vielleicht für die oben genannte Reserve. Lassen Sie nicht zu viel Geld auf dem Sparbuch, vielleicht 2–3 Monatseinkommen. Sparbuchzinsen sind schnell von der jährlichen Teuerungsrate und Inflation aufgebraucht.

12. *Münzen am Ende des Tages im Sparschwein sammeln*

Nehmen Sie abends alle kleinen Münzen, z.B. alle Centbeträge, aus ihrer Geldbörse heraus und legen Sie in eine Spar-dose. Oder lassen Sie das gute, alte Sparschwein wieder zu Ehren kommen und füttern es mit Münzgeld. Den zusammen-gesparten Betrag bringen Sie regelmäßig aufs Sparbuch. Das ergibt am Jahresende ein nettes Sparguthaben.

13. *Bar zahlen statt mit Bank- oder Kreditkarte.*

Wenn Sie bar zahlen, nehmen Sie das Geld sprichwörtlich „in die Hand. Das wird dazu führen dass Sie weniger Geld ausgeben, als wenn Sie mit Karte zahlen.

14. *Schulden begleichen, um Zinsen zu sparen.*

Führen Sie nicht nur Ihr Konto im Guthabenbereich, sondern bezahlen Sie Ihre Kredite und Schulden so bald als möglich und bleiben sie möglichst schuldenfrei. Sie werden nicht immer sorgenfrei bleiben, aber Schuldenfreiheit ist ein guter Anfang. Und Zinsen sparen Sie auch noch.

15. *Die Begleichung von Rechnungen automatisieren.*

Zahlen Sie wiederkehrende Rechnungen automatisch, per Bankeinzug oder Lastschriftverfahren. So sparen Sie Mahngebühren und brauchen sich über Zahlungstermine keine Gedanken mehr machen.

16. *Rechnungen sofort zahlen.*

Zahlen sie ihre Rechnungen sofort, z.B. per Online-banking. Warten Sie nicht auf Fälligkeit oder Mahnschreiben. Das kostet Sie unnötige Verzugszinsen oder Mahngebühren.

17. *Skontonachlass nutzen.*

Manche Verkäufer gewähren bei Zahlung des Rechnungsbetrages innerhalb einer Zahlungsfrist einen Preisnachlass, den man Skonto nennt. Lässt der Käufer sich mit seiner Zahlung Zeit bis nach Ablauf der Zahlungsfrist, wird der gesamte Rechnungsbetrag fällig.

18. Ein kostenloses Girokonto

Vergleichen Sie die Angebote verschiedener Geldinstitute und wählen ein gebührenfreies Kontomodell, das möglichst Onlinebanking zulässt. Schauen Sie dabei auch nach den Angeboten von Direktbanken. Beachten Sie, dass durch die Benutzung von Geldautomaten Gebühren entstehen, die alle ihre Einsparungen schnell zunichtemachen.

19. *Eine gebührenfreie Kreditkarte*

Wie beim Girokonto vergleichen Sie verschiedene Anbieter und schauen nach einer kostenfreien Kreditkarte.

20. *Auf Zahlung per Nachnahme verzichten.*

Zahlen Sie nicht per Nachnahme. Sparen Sie sich Nachnahmegebühren. Stattdessen zahlen Sie sofort oder kaufen auf Rechnung und zahlen per Onlinebanking.

21. *Ein Ausgabenlimit für Kartenzahlungen festlegen.*

Die Verwendung von Kreditkarten kann verführerisch sein, weil man das Geld beim Bezahlen ja nicht mehr selbst ‚in die Hand' nimmt. Deshalb legen Sie für sich ein Limit fest für Ihre Kartenzahlungen, das Sie auch möglichst nicht überschreiten und vermeiden so Ausgaben, die Sie hinterher bereuen.

22. *Umschulden und statt Dispokredit/ Kontoüberziehung oder Kreditkarte günstigere* Rahmenkredite nutzen.

Holen Sie verschiedene Angebote ein und beantragen beim Geldinstitut Ihres Vertrauens einen Rahmenkredit mit günstigem Zinssatz, wenn Sie einen Bedarf haben. Solche Kredite können mit günstigen Konditionen an Ihren Bedarf angepasst werden und sind günstiger als Überziehungen.

23. *Sondertilgungen nutzen.*

Wenn es Ihnen möglich ist, zahlen Sie Verbindlichkeiten und Schulden per Sonderzahlung zurück. Dadurch sparen Sie Zinsen.

24. *Kreditkarten mit Cash back od. Bonusleistungen nutzen.*

Nutzen Sie die Angebote von Cash-Back-Systemen und lassen sich bei Ihren Einkäufen Geld zurückbezahlen.

25. *Jährlich zahlen und Ratenzahlungszuschläge sparen.*

Wenn Sie Beiträge z.b. für Ihre Versicherungen unterjährig, also halb- oder vierteljährlich, oder sogar monatlich bezahlen, stellen die Gesellschaften einen Ratenzahlungszuschlag in Rechnung. Dieser kann bei monatlicher Beitragszahlung bis zu 10% betragen. Zahlen Sie also besser en bloc den Jahresbeitrag. Legen Sie hierfür monatlich einen festen Betrag als Reserve zurück (siehe oben) und sparen sie die Zuschläge für Ratenzahlung

26. *Kauf auf Raten vermeiden.*

Wenn Sie eine größere Anschaffung zu finanzieren haben, prüfen Sie, welche Möglichkeiten sich bieten.
Ein Anschaffungskredit bei einem Geldinstitut kann günstiger sein als ein Kauf auf Raten. Vergleichen Sie die Zinssätze und Möglichkeiten der Rückzahlung.

27. *Die Steuererklärung machen.*

Auch wenn es ein bisschen Arbeit macht: Es lohnt sich sicher, die Steuererklärung abzugeben, schließlich besteht dadurch die Möglichkeit, mehrere Hundert Euro vom Finanzamt zurückzubekommen. Dafür sammeln sie ihre Kostenbelege, die sich im laufenden Jahr angesammelt haben und belegen so Ihre Ausgaben wie z.B. den Weg zur Arbeit, die Vorsorge fürs Alter, Gesundheitsvorsorge, Finanzierungen Versicherungen, das Büro zuhause, Homeoffice, Baukosten und vieles mehr.
Ihre Steuererklärung machen Sie mit einem Steuerprogramm auf Ihrem Rechner, oder Sie beauftragen einen Steuerberater ihres Vertrauens. Die Kosten hierfür können sie auch angeben.

28. *Eine Lohnerhöhung anstreben.*

Können Sie Ihren Arbeitgeber von einer Lohnerhöhung überzeugen? Ist es nicht langsam an der Zeit Ihre Einkünfte zu verbessern? Schaffen Sie sich ein zusätzliches Einkommen durch einen Nebenjob, eine profitable Geldanlage, usw. auch um Inflation und Geldentwertung etwas entgegenzusetzen

29. *Staatliche Familienförderung beantragen.*

Wenn es für Sie zutrifft, beantragen Sie staatliche Familienförderung durch Mutterschafts-, Eltern- oder Kindergeld, prüfen Sie ob Kinderfreibetrag oder ein BEA-Freibetrag zur unterstützenden Finanzierung der Betreuung, Erziehung und Ausbildung des Kindes, ob Wohngeld, Kinderzuschlag, Bildungszuschuß oder Leistungen zu Bildung und Teilhabe in Frage kommen.

30. *Lotterieteilnahmen, Casino oder Glücksspiel vermeiden.*

Einsätze für die Teilnahme an Glücksspielen und Lotterien eignen sich nicht als Sparleistung. Das Geld ist dann zwar sicher nicht ganz weg. Das Geld hat dann nur ein anderer, nämlich die Lotteriegesellschaft.
Aus den eingezahlten Beträgen der Glücksspielteilnehmer werden zwar gemeinnützige Projekte gefördert; die Wahrscheinlichkeit, etwas von dem eingezahlten Geld zurück zu bekommen, ist aber denkbar gering.

„Das Geld, das man besitzt, ist das Mittel zur Freiheit. Dasjenige, dem man nachjagt, das Mittel zur Knechtschaft." – Rousseau

31. *Spontane Lust- oder Impulskäufe.*

Auch wenn angebotene Dinge gut gefallen, überlegen Sie gut, für was Sie gerade Geld ausgeben wollen. Benötigen Sie den Gegenstand, der Ihnen da ins Auge sticht, so unbedingt. Müssen Sie das jetzt spontan kaufen? Oder besteht die Gefahr, dass Sie ihren Lustkauf später bedauern. Hätten Sie das Geld vielleicht anderswo besser gebraucht?

32. *Keine Dinge kaufen, um anderen zu gefallen.*

Luxus ist, wenn Sie Dinge kaufen, die Sie nicht brauchen, um Menschen zu gefallen, die Sie nicht mögen, mit Geld, das Sie nicht haben. Und Luxus hat mit Sparen nicht viel zu tun.
Kaufen Sie Dinge, Waren und Dienstleistungen, die Sie benötigen, die Ihnen, Ihrer Familie und Ihrem Haushalt zugute kommen. Sie werden von Menschen nicht gemocht, weil Sie etwas haben oder nicht haben. Sparen Sie das Geld.

33. Antizyklisch kaufen. Es zahlt sich aus.

Kaufen Sie, wenn der Bedarf am geringsten ist. Dann sind die Preise am günstigsten. Also nicht am Saisonanfang, sondern nach Saisonende. Kaufen Sie z.B. Sommerklamotten nicht gerade zu Beginn des Sommers, auch wenn dann gerade die neue Kollektion kommt. Entsprechend Winterkleidung nicht zu Beginn des Winters, und schon gar nicht vor Weihnachten. Heizbedarf und Brennstoffe sind im Sommer günstig, zu haben, Heimwerker- und Gartenbedarf kauft man in Herbst- oder Wintermonaten.

„Viele Menschen verpassen Gelegenheiten, weil diese einen Overall anhaben und wie Arbeit aussehen." – Edison

34. *Ist das gewünschte Produkt den Preis wert?*

Schauen Sie die Ware Ihres Verlangens und auch den Preis, der angegeben ist, nochmal genau an, schauen Sie in Ihre Geldbörse und überlegen Sie, wie lange Sie für diese Geldsumme arbeiten müssen.

35. *Bedenkzeit vor dem Kauf von teuren Produkten.*

Vor teuren Anschaffungen überlegen Sie, wie lange Sie dafür arbeiten müssen, um sich diesen Traum zu erfüllen. Schlafen Sie eine Nacht drüber. Lassen sie sich etwas Zeit mit der Entscheidung für oder gegen den Kauf und finden Sie heraus, ob der Kaufgegenstand wert ist, daß Sie mit Ihrem Geld die Kaufsumme zahlen.

36. *Bei kleineren Wünschen ca. 10 Minuten warten vor einer Kaufentscheidung.*

Wenn Sie sich spontan einen Wunsch erfüllen möchten, beispielsweise eine CD, ein Spielzeug, ein Kleidungsstück, gehen Sie am Regal vorbei und zurück und überlegen, ob Sie das auch wirklich kaufen wollen. Welches und wessen Bedürfnis wird befriedigt? Ist das Bedürfnis ein realer Bedarf?

37. *Einen Monat warten, wenn große Anschaffungen anstehen.*

Wenn eine größere Investition ansteht, warten Sie etwa einen Monat mit Ihrer Entscheidung und vergleichen Sie die Preise verschiedener Anbieter. Bevor Sie einen Kredit beantragen, den sie abstottern müssen, Geld investieren, eine finanzielle Verpflichtung eingehen und Kosten verursachen, lassen Sie sich etwas Zeit, für eine wohlüberlegte Entscheidung.

38. *Preise aushandeln?*

Mancher Verkäufer ist mehr an einem zufriedenen Kunden und einem Verkauf interessiert als am Preis. Fragen Sie daher nach einem Nachlass oder Rabatt. Fragen kostet ja nichts. Handeln Sie um den Preis.

39. *Sachversicherungen.*

Vergleichen Sie Kosten und Tarife ihrer Sachversicherungen. Unfall-, Haftpflicht-, Rechtsschutz-, Hausrat-, Glas- und Gebäudeversicherungen sind ebenso nötig wie Kranken und Renten- bzw. Sozialversicherungen. Die Beiträge können aber sehr unterschiedlich sein, und es lohnt sich durchaus, die Angebote verschiedener Anbieter zu vergleichen.

40. *KFZ-Versicherungen.*

Was zahlen Sie eigentlich an Versicherungsbeitrag fürs Auto? Gibt es die Möglichkeit mit Ihrem Schadensfreiheitsrabatt, nach Art des Fahrzeuges, Typ- und Regionalklasse für Sie einen günstigeren Vertrag zu erhalten? Vergleichen Sie Preise und Angebote. Ihr Versicherungsvertreter kann Ihnen sicher einen günstigeren Tarif nennen, oder Sie holen sich Angebote von Direktversicherern ein.

41. *Voll- oder Teilkaskoversicherung?*

Benötigen sie eine Kaskoversicherung? Reicht nicht auch eine Teil- statt einer Vollkaskoversicherung aus? Hier können Sie sicher einiges an Kosten sparen. Erkundigen Sie sich aber vorher, wer dann für eventuelle Schäden aufkommt.
Ist Ihr Auto finanziert oder geleast, erkundigen Sie sich unbedingt nach den Bedingungen des Finanzierungspartners

42. *Die Kraftfahrzeugsteuer*

Diese wird je nach Typklasse und Treibstoffart bestimmt und bietet wohl kein so ergiebiges Sparpotential. Behalten Sie sie trotzdem im Blick.

43. *Versicherungsbeiträge senken durch Rabatte.*

Als Angestellte des öffentlichen Dienstes, Beamte oder Mitarbeiter gemeinnütziger Organisationen können sie von Sonderkonditionen profitieren, ebenfalls als Besitzer von Wohneigentum. Steht das Fahrzeug in einer Garage oder im Carport? Vereinbaren Sie eine Selbstbeteiligung oder die sog. Werkstattbindung? Wird das Fahrzeug nur von bestimmten Personen gefahren? Wie hoch ist die jährliche Fahrleistung? Wird das Fahrzeug von einer Frau gefahren? Fragen Sie nach Partner- oder Familienrabatt. Außerdem spielen das Alter des Fahrzeughalters und Einträge im Verkehrszentral-register, sog. Punkte, eine Rolle bei der Beitragsbemessung. Auch die Zahlung des Jahresbeitrages und Zustimmung zum Lastschriftverfahren wirken sich positiv auf die Beitragshöhe aus. Handelt es sich um einen Zweitwagen? Haben Sie eine Bahncard? Haben Sie mehrere Versicherungen bei Ihrem Anbieter? Gibt es vielleicht Treuerabatt? Oder haben Sie ein Konkurrenzangebot?

44. *Schutzbrief, Mallorcapolice oder Werkstattwahlfreiheit?*

Legen Sie Wert auf Schutzbriefleistungen? Fahren Sie mit dem Auto viel ins und im Ausland und benötigen Versicherungsschutz? Ist es Ihnen recht, Kaskoschäden in einer Partnerwerkstatt des Versicherers reparieren zu lassen?

45. *Saisonkennzeichen?*

Wenn Sie für Ihre Fahrzeuge Saisonzulassungen haben, sind diese Fahrzeuge außerhalb der Saison weder Steuer noch Versicherungsbeiträge fällig. Allerdings müssen die Fahrzeuge auf privatem Grund stehen.

46. *Der günstige Tarif in der PKV.*

Unter bestimmten Bedingungen können Versicherte einer privaten Krankenversicherung in günstigere Basis- oder Standardtarife wechseln. Sollte das für Sie in Frage kommen, lassen Sie sich von Ihrer Versicherung beraten.

47. *Sind Krankenzusatztarife nötig?*

Benötigen Sie Krankenhaustage- oder Krankentagegeld? Legen Sie Wert auf Chefarztbehandlung oder eine Unterbringung im Einzelzimmer? Tragen Sie eine Brille? Brauchen Sie Zahnersatz oder zahnärztliche Behandlung? Benötigen Sie zusätzlichen Schutz auf Auslandsreisen? Für Naturheilverfahren? Möchten sie Ihre Kinder besonders schützen oder für den Pflegefall vorsorgen? Vergleichen Sie Angebote und Preise verschiedener Anbieter für Ihre persönlichen Bedürfnisse.

48. *Gas- und Stromanbieter vergleichen*

Vergleichen Sie die Preise verschiedener Gas- oder Stromanbieter und wechseln Sie gegebenenfalls zu einem billigeren Anbieter. Auf diese Weise können Sie ihre Energiekosten verringern und pro Jahr einige Hundert Euro sparen.

49. DSL-/ Online-Anbieter vergleichen

Vergleichen Sie auch hier die angebotenen Leistungen, Pakete und Preise. Je nach benötigter Datenmenge könne Sie zwischen günstigeren oder umfangreicheren Paketen wählen und so im Jahr viel Geld sparen.

50. Anbieter und Verträge von Handytarifen vergleichen

Welcher Telefontyp sind Sie? Telefonieren Sie viel ins Festnetz oder in Mobilfunknetzen? Empfangen und senden Sie Nachrichten/SMS? Welche Datenmengen benötigen Sie?
Überprüfen Sie Tarife und Pakete verschiedener Anbieter, die zu Ihrem persönlichen Bedarf passen und sparen Sie manchen Euro. Und kündigen Sie bald nach Vertragsabschluss zum Ende der Laufzeit. Dadurch könne Sie zwar sicher nicht früher aus dem Vertrag aussteigen. Sie bekommen aber frühzeitig ein günstiges Angebot, da der Anbieter Sie als Kunden ja behalten will. Nutzen Sie die Möglichkeit, zu vergleichen und in Zukunft mit einem passenden Paket zu günstigen Konditionen Geld zu sparen.

51. Wlan statt teurer Datentarife nutzen

Beim Surfen im Internet werden schnell große Datenmengen geladen. Ist dann keine Flatrate oder ein Datentarif mit ausreichendem Mobilfunk-Volumen vorhanden, kann das teuer werden. Die Nutzung einer (stabilen) WLAN-Verbindung ist günstiger. Vorausgesetzt, das Mobilfunkgerät und der Vertrag sind dafür kompatibel.

„Dem Geld darf man nicht nachlaufen. Man muss ihm entgegen gehen." – Onassis

52. *Zum Mobiltelefon wechseln.*

Vielleicht kann es sich für Sie lohnen, den Festnetzschluss zu kündigen und zu einem günstigen Mobilvertrag zu wechseln. Lassen Sie sich beraten und vergleichen Sie Tarife, je nach Ihren Bedürfnissen und Nutzergewohnheiten.

53. *Über Wi-Fi telefonieren.*

Sie können für Telefonanrufe auch den HD-(High-Definition) Sprachdienst Wi-Fi-Calling nutzen. Das funktioniert via WLAN über eine Internetverbindung, sofern Smartphone und Tarif kompatibel sind und der Dienst von Gerätehersteller und Provider zur Verfügung gestellt wird.

54. *Über Skype telefonieren.*

Wenn beide Gesprächsteilnehmer Skype verwenden, können Sie weltweit (fast) kostenfrei telefonieren. Möglich ist aber auch, per Skype-Guthaben oder Abonnement für geringe Gebühren in Mobil- oder Festnetz zu telefonieren.

55. *Bei Geldanlagen auf Honorar statt auf Provision arbeiten.*

Suchen Sie Berater für Ihre Geldanlagen, die auf Honorarbasis arbeiten. Makler oder Vertreter arbeiten oft provisions-abhängig, das heißt, je höher der Jahresbeitrag des Vertrages ist, desto höher fällt auch die Provision, das Einkommen der vermittelnden Stelle aus.
Findet die Beratung aber auf Honorarbasis statt, besteht auch kein Anreiz, Verträge mit möglichst hohen Monats- oder Jahresbeiträgen abzuschließen.
Sparen Sie so bei Vorsorge oder Anlage bares Geld ein.

56. Was dürfen Dienstleistungen kosten?

Sparen Sie ebenfalls bares Geld, indem Sie, bevor sie Dienstleistungen in Anspruch nehmen, Angebote einholen und Preise vergleichen. Oder sparen Sie durch Selbermachen.
Je nach Anspruch auf gewünschte Leistungen, sagen wir z. B Haare schneiden beim Friseur, schneiden Sie Haare selbst. Besorgen Sie sich einen elektronischen Haarschneider. Der kostet zwar zunächst Geld, spart aber auch manchen Friseurbesuch. Vergleichen sie oder sparen Sie durch Selbermachen.

57. Vergleichen und online einkaufen.

Vergleichen Sie online Dienstleistungen, Waren und Preise und kaufen Sie auch online ein. Beachten Sie aber, daß es sehr verführerisch sein kann, online einzukaufen und zu bezahlen. Achten sie gerade beim Online-Einkauf darauf, dass sie nur kaufen, was sie auch wirklich brauchen. Ein schneller Klick im Netz kann teuer werden.

58. Lieferangebote nutzen.

Wenn Sie schon online einkaufen, nutzen Sie eventuell angebotene Lieferdienste. Dadurch sparen Sie Fahrtkosten, die sonst Ihre Einsparungen schnell zunichte machen können.

59. Tagesangebote nutzen

Wenn Sie Ihre Einkäufe planen, schauen Sie nach Tagesangeboten, die Händler an bestimmten Wochentagen günstig anbieten. Wenn Sie ein günstiges Angebot finden, das Ihrem Bedarf entspricht, notieren Sie Angebot und Termin im Kalender und sind dann pünktlich vor Ort.

60. *Gutschein und Rabattaktionen nutzen*

Nutzen Sie Gutscheine und Rabattaktionen, um Ihren Bedarf an Waren und Dienstleistungen, den Sie täglich haben, mit der einen oder anderen Vergünstigung decken zu können. Achten Sie aber auf Ihren tatsächlichen Bedarf und auf die entstehenden Fahrtkosten.

61. *Gutscheinhefte, Coupons, und Newsletter nutzen.*

Nutzen Sie ebenfalls Gutscheinhefte, Coupons und Newsletter, um günstige Einkaufsmöglichkeiten und Angebote zu finden. Beachten Sie, dass die Einsparungen auch den Aufwand rechtfertigen.

62. *Für Kundenkarten anmelden.*

Manche Anbieter und Händler bieten Kundenkarten an und gewähren z.B. Preisnachlässe, eventuell auch vergünstigtes Parken, Cashback, etc.

63. *Monats- oder Jahreskarten nutzen*

Wenn Sie Bus und Bahn mutzen, fragen Sie nach Dauerkarten. So ist eine Wochen- oder Monatskarte günstiger als wenn Sie immer wieder Einzelfahrkarten zahlen. Und eine Jahreskarte ist auch sicher günstiger als 12 Monatskarten.
Der teurere Preis für die Dauerkarte mag zurückschrecken lassen, aber rechnen Sie alle Einzelpreise zusammen, die durch eine Dauerkarte ersetzt werden, ergibt sich eine beträchtliche Einsparung.

64. *Vorteile einer Personengruppe nutzen wie Studentenausweis, Kinderermäßigung, Schwerbehinderung etc.*

Scheuen Sie sich nicht, Studierendenausweis zu zeigen, eine Gruppen- oder Kinderermäßigung in Anspruch zu nehmen, und sofern es nötig ist, einen Schwerbehindertenausweis vorzuzeigen. Wenn Sie eine körperliche Beeinträchtigung haben, haben Sie auch keine Scheu, einen solchen Ausweis zu beantragen. Sie bekommenen dadurch einen Steuerfreibetrag und zahlreiche tägliche finanzielle Erleichterungen.

65. *Gruppen- oder Familienrabatt nutzen.*

Bevor Sie für mehrere Personen einzeln Eintritt zahlen, prüfen Sie, ob Sie nicht einen Gruppen- oder Familienkarte buchen können, z.B. im Schwimmbad, im Kino, im Theater, im Museum.

66. *Sparen mit Schnäppchen.*

Sparen Sie, indem Sie nach Schnäppchen Ausschau halten. Hier und da gibt es immer mal günstige Angebote, die Sie sich nicht entgehen lassen sollten.

67. *Nach Schnäppchen und Restposten umschauen.*

Es spricht nichts dagegen, hin und wieder im Restposten- oder Schnäppchenmarkt nach günstigen Angeboten zu suchen. Kaufen Sie aber gezielt ein und vermeiden sie Lustkäufe und unnötige Geldausgaben.

„Was macht es für einen Unterschied, wieviel du hast? Was du nicht hast, besagt viel mehr." – Seneca

68. *Saisonschlussverkäufe nutzen*

Wenn Verkäufer zu Saisonende ihre Lager räumen, ergeben sich günstige Angebote. Dann werden Waren zu Sonderpreisen angeboten, die sonst nicht möglich sind. Kaufen Sie auch hier gezielt und nutzen die Gelegenheit, die sich bietet.

69. *Souvenirläden meiden.*

An Souvenirläden dürfen Sie vorbeigehen. Das Anbieten von Rumsteherchen und Erinnerungen an schöne Urlaube an noch schöneren Orten ist ja durchaus legitim. Die Verkäufer müssen ja auch Geld verdienen. Aber die schönen Dinge enden als Staubfänger im Regal und dann im Müll, ohne je eine nutzbringende Funktion gehabt zu haben.

70. *Auf teure Markenprodukte verzichten*

Wenn Sie einkaufen, achte Sie darauf, daß die Waren ihre Funktion erfüllen. Vermeiden Sie es, für mehr oder minder klangvolle Namen zu zahlen. Auch wenn es Träger namhafter Produkte hebt, das Selbstbewusstsein sowieso, bekommen Sie qualitativ hochwertige Waren, insbesondere Kleidung, auch ohne teure Namensetiketten.

71. *Qualität kaufen.*

Trotzdem und gerade deshalb achten Sie auf Qualität. Dabei ist es gleich, ob sie Lebensmittel, Werkzeug oder Kleidung kaufen. Qualität könne Sie anfassen und fühlen.
Und das Werkzeug, z.B. der Schraubendreher, die Kleidung oder andere Waren ‚für wenig Geld' halten auch ‚für wenig Geld', nämlich wahrscheinlich nicht sehr lange. Und dann: Kaufen Sie neu.

72. *Den teuren Schuh kaufen; der mehr kostet, aber länger hält.*

Sie dürfen mit gutem Gewissen den besseren Schuh kaufen, die bessere, gegebenenfalls auch teurere Ware, wenn die Qualität stimmt. Hochwertige Waren haben ihren Preis. Dafür bleibt höhere Qualität auch länger funktionsfähig und muss nicht bald wieder ersetzt werden. Auch Qualität kann Kosten sparen. Durch Langlebigkeit.

73. *Kleidung kaufen, die getragen wird.*

Reduzieren Sie Ihren Kleiderschrank. Und kaufen Sie solche Stücke, die Sie auch im Alltag tragen. Wenn Kleidungsstücke verschleißen oder kaputtgehen, können Sie diese ausbessern lassen oder rechtzeitig ersetzen.

74. *Kleidung reparieren.*

Knöpfe können Sie annähen, Strümpfe stopfen, Auch einen Riss im Stoff oder eine aufgeplatzte Naht kann man nähen. Zur Not gibt es in Ihrer Nähe mit Sicherheit ein Schneideratelier, wo Sie fehlerhaft Kleidung hinbringen und ausbessern lassen kann. Oftmals ist es möglich, Kleidungsstücke zu reparieren. Und es ist allemal günstiger, als neue zu kaufen.

75. *Gebraucht statt neu kaufen, ggf. im Internet.*

Statt Neuware zu erwerben, kaufen Sie Waren, die schon einmal jemandem gehört haben, die schon Geschichte haben. Dadurch verhindern Sie vielleicht, dass diese Waren als Müll entsorgt werden. Sie sparen aber mit Sicherheit bares Geld, wenn Sie Bücher, Elektrogeräte, Spielzeug, Möbel ggf. sogar Kleidung und anderes gebraucht kaufen.

76. Gebrauchte Babykleidung.

Babykleidung ist nicht nur teuer, Sie ist auch viel zu schnell zu klein, weil die lieben Kleinen gerade in ihren ersten Lebensjahren sehr schnell wachsen. Deshalb kaufen Sie gebrauchte Babykleidung, die abgelegte, weil zu klein gewordene Kleidung der eigenen Kinder bieten Sie selbst im Internet an. Oder sie tauschen in der Nachbar- oder Verwandtschaft, im Freundeskreis, wenn entsprechender Nachwuchs vorhanden ist

77. Statt Billigware gebrauchte Luxusartikel.

Anstelle von Billigware, günstigst hergestellter Konsum- oder Verbrauchsgüter kaufen Sie gebrauchte Qualitätswaren. Das dürfen dann auch mal Luxusgüter sein.
Dinge, die etwas mehr kosten, die unter besonderem Namen verkauft werden, werden auch meist mit besonderer Sorgfalt und Qualität hergestellt. Das schuldet der Name.
Und Sie können, wenn es Ihrem Bedarf entspricht, von dieser Qualität profitieren, wenn Sie ein solches Produkt finden.

78. Markenprodukte gebraucht und mit Garantie kaufen.

Siehe oben, Kaufen Sie zu günstigen Preisen hochwertige Markenware, z. B. im Internet, gebraucht und wenn möglich auch mit Garantie.

79. Garantieverlängerungen vermeiden.

Vermeiden Sie zusätzliche Kosten für Garantieverlängerung. Stattdessen achten Sie auf die Gewährleistung und verkaufen elektronische Geräte rechtzeitig. An Gebrauchtportale. Die Geräte werden dann aufgearbeitet und weiterverkauft.

80. *Marken- od. gebrauchte wertstabile Designerware kaufen.*

Wenn Sie sich etwas Hübsches gönnen möchten, wenn's mal etwas chic sein soll, schauen Sie auch gerne mal nach Marken- oder Designerware. Dann darf es etwas Besonderes sein, es darf auch mal was kosten, sollte dann aber bitte schön auch eine bestimmte Qualität haben. Und später vielleicht noch zum Weiterverkauf geeignet sein.

81. *Großpackungen kaufen und Vorräte einfrieren.*

Wenn Sie einkaufen, achten Sie auf z.B. Kilopreise. Die sind bei Lebensmitteln am unteren Rand des Etiketts aufgedruckt. Eine größere Packung wird mit einem günstigeren Kilopreis verkauft als eine kleinere Menge. Auch wenn die 100-Gramm-Packung zunächst einen kleineren Preis verspricht, so dürfte der Kilopreis um einiges günstiger sei. Deshalb kaufen Sie lieber eine größere Packung und bewahren nicht benötigte Waren auf, indem Sie z.B. kleinere Portionen einfrieren.

82. *Hausmarke statt Premiummarke.*

Marktketten bieten häufig auch Produkte für den täglichen Bedarf, wie Lebensmittel als Hausmarken an, die günstiger zu haben sind als viel-beworbene Premiummarken.

83. *Vorgängermodelle*

Wenn Sie sich etwas Gutes tun wollen, kaufen Sie Qualität. Und dann darf es dann auch mal ein Vorgängermodell sein, weil dieses mit Sicherheit erheblich günstiger ist. Schließlich will der Händler Platz für aktuelle Angebote und Modelle haben und die Verkaufsfläche freimachen.

84. Preise vergleichen vor dem Kauf elektr. Geräte.

Bevor Sie ein TV oder andere elektronische Geräte kaufen, vergleichen Sie Preise bei verschiedenen Händlern. Auch die Preise für Installation und Kundendienst.

Wenn ein Gerät kaputt ist, lässt man es besser reparieren statt neu zu kaufen. Das könnt Geld sparen. Allerdings sollten Sie vorab die Preise für Reparaturleistungen erfragen ... und für den Fall der Fälle Entsorgungskosten.

85. Elektronik im Internet kaufen.

Oder Sie kaufen Ihre Elektronik im Internet. Dorf können Sie in zahlreichen Shops und Vergleichsplattformen Preise und Kosten vergleichen und möglicherweise für das eine oder andere Modell im Vergleich Geld sparen.

86. Möbel im Internet kaufen.

Möbel einkaufen im Internet? Vielleicht sogar gebraucht? Schauen Sie auf Vergleichsplattformen nach den Möbeln, die Sie schon immer gesucht haben und lassen Sie die Möbel bis nach Hause liefern. Klären Sie aber bitte vorher Rückgabe- und Umtausch, notfalls durch einen Anruf bei einer Hotline.

87. PC und Notebooks gebraucht und mit Garantie.

PS, Computer und Notebook, Tablets und sogar Handys gibt es gebraucht und mit Garantie in zahlreichen Shops, die sich auf die Wiederverwendung von elektronischen Geräten spezialisiert haben. Hier können Sie auch Altgeräte hingeben zur Aufarbeitung und zum Wiederverkauf anstatt diese zu entsorgen.

88. *Tinte/Toner für Drucker auffüllen*

Lassen sie Kartuschen für Druckertinte oder Toner wieder auffüllen, anstatt neu zu kaufen. Das ist auf Dauer günstiger und spart obendrein jede Menge Müll, wobei der größte Teil des Mülls bekanntermaßen aus Verpackungsmaterial besteht.

89. *Produkte kurz vor Ablaufdatum.*

Schauen Sie ruhig mal nach Produkten und Waren, bei denen das Mindesthaltbarkeitsdatum abläuft. Diese Waren werden dann mit reduzierten Preisen angeboten. Hier können Sie eventuell sparen. Das Ablaufdatum zeigt, bis wann Waren mindestens haltbar sind. Das heißt nicht, dass Produkte wegen des abgelaufenen Datums verdorben oder gar giftig sind.

90. *Kauf von Spielwaren reduzieren.*

Braucht es im Kinderzimmer Regale voll mit Spielsachen, neben Handy, Tablet, Rechner, Bildschirm, Onlineanschluß, Drucker, Fernseher, Musikanlage, Spielekonsole, Puppen und dazugehörige Häuser, Modellautos, Bauernhof, Regale voll mit Brettspielen, Büchern usw.?

91. *Flohmärkte besuchen*

Besuchen sie Flohmärkte in ihrer Umgebung. Schauen Sie sich um oder fragen Sie in Ihrem persönlichen Umfeld, wo es empfehlenswerte Märkte gibt. Vorsichtshalber sollten Sie eine Liste machen, was Sie gebrauchen können und gezielt nach Dingen schauen, die Ihrem Bedarf entsprechen. Kaufen Sie aber gezielt mur das, was Sie auch brauchen können.

92. *Leihen statt kaufen.*

Wenn Sie kurzfristig Bedarf haben, dann halten Sie Ausschau, ob Sie Werkzeuge, Haushaltsgeräte, oder anderes, z.B. auch Bücher, leihen können. Auch wenn dafür eine geringe Gebühr fällig wird, ist das günstiger, als teuer Neues zu kaufen, das dann im Regal liegt, wenn es nicht mehr gebraucht wird.

93. *Upcycling*

Anstatt gebrauchte Dinge wegzuwerfen und zu entsorgen, schaffen Sie mit ein paar Ideen Neues aus Altem. So kann man aus Obstkisten und ein paar alten Brettern ein neues Möbel bauen, aus Kleiderresten werden Sitzkissen. Konservendosen oder Schraubgläser werden zur Aufbewahrung von Stiften und Linealen, leere Flaschen können Kerzenständer oder - einigermaßen standfeste - Blumenvasen werden

94. *Stofftaschen anstelle von Plastiktüten.*

Nehmen Sie zum Einkauf Stofftaschen. Kaufen Sie keine Tüten an der Kasse. Die kosten zwar nicht viel Geld. Kleinviel macht aber auch Mist. Hinterher haben Sie eine Menge Tüten rumliegen, die sie nicht mehr brauchen und entsorgen müssen.

95. *Aufbewahrungsbehälter statt Plastiktüten.*

Wenn Sie im Unverpacktladen kaufen, bringen Sie Ihre eigenen Behältnisse, Gläser und Dosen mit, die Sie befüllen. An der Wiegestation können sie vor dem Einfüllen Ihren mitgebrachten Behälter abwiegen und das Verpackungsgewicht vom Gesamtgewicht abziehen lassen. Klingt zunächst vielleicht verwirrend, spart aber Kosten für Verpackung und Entsorgung.

96. *Reste, in Milchtüte, Zahnpasta-Tube etc.*

Vermeiden Sie Restmengen in Verpackungen, die dann mit weggeworfen werden. Kaufen Sie z.B. unverpackt. Dann erhalten Sie genau die Mengen die sie verbrauchen und haben wollen. Nicht mehr und nicht weniger.
Werfen Sie nichts weg, das sie vorher teuer bezahlt haben.

97. *Einen Essensplan für die Woche.*

Stellen Sie einen Wochenplan auf, was es an den einzelnen Tagen zu Essen gibt, zum Frühstück, zu Mittag und zu Abend. Welche Vorräte sind noch da, was muss zuerst verbraucht werden - Stichwort Haltbarkeitsdatum – und welche Gerichte und Lieblings-essen werden gewünscht?

98. *Mit Einkaufsliste einkaufen.*

Erstellen Sie sich eine Einkaufsliste. Welche Lebensmittel werden für den Essensplan für die Woche gebraucht? Welche Vorräte müssen ergänzt, neu gekauft werden? Welche und wie viele Lebensmittel werden wirklich benötigt? Was wird auch gegessen? Obst, Gemüse und andere Lebensmittel könnten verderben und müssten entsorgt werden. Deshalb planen Sie ihre Einkäufe. Und halten Sie sich an ihre Einkaufs-liste. Sie vermeiden so auch teure, überflüssige Spontankäufe.

99. *Lebensmittel nicht wegwerfen.*

Kaufen Sie nur so viele Lebensmittel, wie in Ihrem Haushalt auch gegessen werden. Dafür machen Sie einen Essensplan und dementsprechend auch eine Einkaufsliste. Planen Sie die Vorräte sorgfältig, so dass nichts verdirbt und weggeworfen werden muss. Lebensmittel sind zu schade und kostet Geld.

100. *Nie hungrig zum Einkaufen gehen.*

Und gehen Sie nach Möglichkeit nicht mit Hunger im Bauch zum Einkaufen. Erfahrungsgemäß bringt uns das Hungergefühl dazu, mehr einzukaufen als eigentlich nötig. Der Hunger verlangt nach Befriedigung, der Einkaufszettel wird großzügig übersehen und mancher Lustkauf landet im Einkaufsagen, der zu Hause für Erklärungsbedarf sorgt.

101. *Nie mit Frust im Bauch einkaufen*

Aus ähnlichen Gründen gehen Sie nicht in ein Geschäft mit Frust, den Sie dann, wenn auch unbewusst, durch ein Einkaufserlebnis zu kompensieren versuchen.

102. *Durch einen fleischlosen Tag sparen.*

Wurst- und Fleischwaren sind in der Regel teurer als Obst und Gemüse, ob frisch oder gefroren. Planen Sie einen fleischlosen Tag ein pro Woche, an dem nur fleischlose, also vegane oder vegetarische Speisen auf dem Plan und auf dem Tisch stehen. Das wird dann nicht nur finanziell günstiger, sondern auch gesünder.

103. *Gefrorenes Obst kaufen.*

Kaufen Sie öfter gefrorenes Obst oder Gemüse. Das hält sich länger in der Gefriertruhe oder Gefrierschrank, verdirbt nicht so schnell und eignet sich somit besser für eine Vorratshaltung. Außerdem ist es billiger und damit insgesamt günstiger.

„Die, die ihr Geld zu schnell ausgeben, werden nie reich." Balzac

104. *Supermärkte platzieren die teuersten Waren in Augenhöhe.*
Es lohnt sich auch mal nach oben oder unten zu schauen.

In den Regalen der Supermärkte liegen die Artikel, die dem Markt den höchsten Gewinn bringen, in Augenhöhe, so dass sie von den Kunden als erstes wahrgenommen werden. Meist handelt es sich dabei nicht um die günstigsten oder billigsten Artikel. Da Sie aber sparen und möglichst günstig einkaufen wollen, schauen doch mal was sich in den darunterliegenden Regalböden findet. Dort liegen Artikel gleicher Art und Qualität zu günstigeren Preisen. Hier können Sie sparen.

105. *Preise für Grundnahrungsmittel.*

Nutzen Sie die Zeitungsbeilagen der Märkte in Ihrer Nähe. Achten Sie bei Einkäufen auf die Preise von Grundnahrungsmitteln. Merken oder notieren Sie sich diese und vergleichen Sie, und machen sie den nächsten Einkauf in dem Markt mit den für Sie günstigsten Preisen.

106. *Kauf von unverarbeiteten Lebensmitteln.*

Meiden Sie Fertiggerichte, Pizzen und andere verarbeitete Lebensmittel. Kochen Sie dagegen lieber selber.
Das ist auf den ersten Blick etwas aufwendiger. Sie verwenden aber Zutaten - frisch oder gefroren - die sie kennen, die sie selbst einkaufen, möglichst sogar ‚unverpackt‘, haben dadurch weniger Verpackung zu entsorgen. Ihre Speisezutaten haben keine lange Liste unbekannter Bestandteile. Außerdem sind frische oder gefrorene Lebensmittel günstiger als Fertiggerichte.

„Geld ist wie eine schöne Frau. Wenn man es nicht richtig behandelt, läuft es einem weg." – Getty

107. Preise verschiedener Packungsgrößen.

Wenn sie Preise vergleichen, dann schauen Sie auch auf den Preis einer Ware, z.B. von Lebensmitteln, für je 1 Kilogramm. So wird logischerweise eine kleinere Packung von 100, 200 oder 500 Gramm günstiger zu haben sein als eine Packung mit 1000 Gramm Inhalt. Und dann schauen Sie auf den Kilopreis. Der dürfte bei der kleineren Packung etwas höher liegen.

108. Wieviel Zeit kostet der Kauf.

Planen Sie Einkäufe so, dass die Menge der Einkäufe auch die für den Einkauf benötigte Zeit rechtfertigt.

109. Konserven und unverderbliche Produkte auf Vorrat.

Achten Sie auf Angebote der Lebensmittelhändler und Märkte, bei denen Sie gewöhnlich einkaufen. Legen Sie sich bei nächster Gelegenheit einen Vorrat an Haushaltsprodukten wie Hygieneartikeln, Wisch- und Taschentüchern, Toilettenpapier, etc. und an Konserven und unverderblichen Lebensmitteln an.

110. Lebensmittel in der Nähe kaufen.

Vermeiden Sie lange Anfahrten zum Supermarkt oder Discounter, auch zu sonstigen Verkaufsstellen.
Haben Sie eine Dauerkarte für Busse und Bahnen an Ihrem Wohnort? Was kostet eine Einzel- oder Tageskarte? Wissen Sie, was es kostet, die Strecke zum Supermarkt mit dem Auto zu fahren? Vom Fußweg zur Haltestelle oder der Zeit für die Parkplatzsuche ganz zu schweigen. Suchen Sie lieber eine Einkaufsmöglichkeit in der Nähe und nutzen Sie die Angebote vor Ort.

111. Schon mal in einem Unverpacktladen eingekauft?

Haben sie einen Unverpacktladen in Ihrer Nähe? Oder gibt es in den Märkten, wo Sie in der Regel einkaufen, die Möglichkeit, Waren ohne Verpackung zu kaufe? – Sicher. Sie müssen dann Ihre Vorratsbehälter mitbringen. Der Einkauf wird dann ein wenig aufwendiger. Aber dafür können Sie die gewünschten Vorräte in der jeweilig benötigten Menge abgewogen in Ihren eigenen Behältern mitnehmen.
Sie kaufen und bezahlen nur soviel sie wirklich brauchen. Dadurch entstehen weniger Restmengen, Sie haben weniger Verpackungen und damit weniger Müll zu entsorgen.

112. Kaufen, was gebraucht wird.

Halten Sie sich strikt an Ihre Einkaufsplanung und vermeiden Sie Spontankäufe. Kaufen Sie das, was momentan in Ihrem Haushalt gebraucht wird und geben Sie kein Geld aus, das sie sparen oder womöglich anderweitig gut gebrauchen können.

113. Lohnt sich der Weg zum Discounter

Lohnt es sich, bis zum Discounter zu fahren um aktuelle Angebote zu nutzen oder wird die Fahrt dorthin teurer als die eingesparte Geldsumme? Oder ist es vielleicht möglich, die benötigten Waren zu ähnlichen Preisen auch beim nächstgelegenen Einzelhändler zu besorgen. Haben Sie einen Dorf- oder Tante-Emma-Laden in der Nähre? Unterstützen Sie diesen und sparen sie sich den Weg zum Discounter.

Steh nie da und bettle um das, was du auch selbst verdienen kannst.
– Miquel Cervantes di Saavedra

114. Rechtfertigt der Rabatt die Fahrt zum Laden oder Kaufhaus?

Verkäufer geben Rabatte nicht aus reiner Menschenliebe. Durch Angebots- und Rabattaktionen sollen Kunden in den Laden gelockt werden. Dort wartet dann eine bunte Produktpalette, die Besucher des Geschäftes zum Einkaufen verleiten soll. Nicht wenige Kunden werden sich durch ach-so-günstige Schnäppchen verleiten lassen zur Belohnung der eigenen Sparsamkeit mehr einzukaufen als sie eigentlich wollten. Und dann auch noch die Frage, ob die eingesparte Summe die Fahrtkosten zum Anbieter rechtfertigt.

115. Nicht jedem Werbeangebot nachgehen.

Nicht jedes Werbeangebot rechtfertigt einen neuen Einkauf. Überprüfen Sie, ob Sie auch wirklichen Bedarf haben, ob Sie angebotene Ware unbedingt benötigen. Manches super günstige Schnäppchen hat sich schon als völlig überflüssiger Fehlkauf erwiesen, nachdem die Ware zuhause ausgepackt wurde. Die Werbeaussage bares Geld durch einmalig günstige Preise sparen zu können, war einfach zu verführerisch ...

116. Verzicht auf teure Pflegeprodukte für Tiere.

Tiere brauchen Bewegung, Futter, Zuwendung und vielleicht von Zeit zu Zeit mal einen Besuch beim Tierarzt, wo ausgebildete Fachleute danach schauen, ob die Vierbeiner auch noch „gut drauf" sind. Und vielleicht ein warmes Plätzchen, wohin sie sich zurückziehen können. Tiere brauchen keine Pflegeserie, keine modischen Accessoires oder ähnliches, was gerade in ist und den Geldbeutel strapaziert.

117. Teure Kosmetik und Düfte?

Menschen zeichnen sich dadurch aus, dass sie gefallen wollen. Anderen, aber auch sich selbst. Man möchte sich in der eigenen Haut wohlfühlen. Anstelle teurer Pflegeserien, auf deren Verpackung klangvolle Namen und auf deren Preisetiketten atemberaubende Summen stehen, tut's auch ein Duschgel und ein Deo aus dem Supermarkt. Wellness, deutsch: Wohlgefühl, und Sparen schließen sich nicht aus. Der Schwerpunkt liegt in diesem Buch auf Letzterem. Und das Duschwasser ist genauso nass, ob das Duschgel zwei Euro kostet oder zwanzig Euro.

118. Auf Alkohol verzichten.

Meiden Sie, wenn Sie gesund leben und dabei Geld sparen wollen, alkoholische Getränke. Die Wirkung von Alkohol lässt jede Hemmschwelle fallen und sie verstärkt Ihre Stimmung im Guten wie im weniger guten. Sie bekommen Appetit und beginnen zu essen, obwohl sie keinen Hunger haben. Sie lassen sich in angeheiterter Stimmung zu Spontankäufen verleiten und geben Geld aus, das sie sparen wollten, oder Sie kaufen aus Frust. Wenn Sie einmal angefangen haben, trinken Sie mehr, als ihnen zuträglich ist. Und sie kaufen Dinge, die sie nicht brauchen. Alkoholische Getränke sind in der Regel teuer. Trinken Sie stattdessen lieber Wasser, Kaffee oder Tee.

119. Süßigkeiten (Chips, Schokolade etc.) müssen nicht sein.

Das Angebot an süßen Versuchungen ist unüberschaubar groß. Die Möglichkeit, und auch die Verführung , hier Geld auszugeben für die kleinen Leckerli und Trösterchen, riesig. Legen Sie stattdessen Wert auf eine ausgewogene Ernährung, verzichten Sie auf Süßkram aller Art und sparen dadurch viel Geld

120. Wofür Nahrungsergänzungsmittel?

In der täglichen Ernährung sind alle Nährstoffe, die der Körper benötigt, in ausreichendem Maß vorhanden, wenn Sie sich abwechslungsreich ernähren. Nahrungsergänzungsmittel für die zusätzliche Versorgung des Körpers mit besonderen Nährstoffen sind dagegen teuer. Achten Sie auf eine gesunde und abwechslungs-reiche Ernährung und sparen Sie das Geld.

121. Schlankheitsmittel.

Schreiben Sie gemeinsam mit der Familie einen Essensplan für die Woche, wo alle zu essen bekommen, was sie mögen. Achten Sie auf eine gesunde Ernährung für alle, davon nicht zu viel und nicht zu wenig. Sorgen Sie für etwas Bewegung. Dann brauchen Sie keine Schlankheitsmittel.

122. Fast Food.

Anstatt ‚schnelles Essen', fastfood, essen Sie lieber richtig. Dann werden sie auch richtig satt. Und laufen nicht Gefahr, durch billige Angebote mehr zu kaufen und zu essen, als sie zum Sattwerden brauchen. Fast food verleitet zum Mehr- und Schnellessen. Dafür ist der Hunger auch schnell wieder da.

123. Lieferessen.

Verzehren Sie Nahrungsmittel, die sie selbst eingekauft und gegebenenfalls zubereitet haben, dann wissen Sie auch, was Sie trinken und essen. Es mag bequem sein, zum Hörer zu greifen und Essen, Pizza, Salat zu bestellen. Ein durchdachter Wochenplan und ein wenig Lagerhaltung, so dass immer ‚etwas im Haus' ist, tun's aber auch. Und auf Dauer dürfte es auch die Haushaltskasse schonen.

124. Fertiggerichte.

Vermeiden Sie den Griff zum Fertiggericht aus der Kühltheke, das sie in der Mikrowelle eben mal schnell aufwärmen, oder wie die Fertigpizza schnell in den Ofen schieben. Bereiten Sie ihre Mahlzeiten besser und günstiger selbst zu, dann kennen Sie auch die Zutaten, weil Sie diese selbst eingekauft und zubereitet haben.

125. Feiern mit Freunden

Ein Essen mit Freunden im angesagten In-Restaurant oder beim Lieblingskoch (Ob Italiener, Grieche, Spanier, welcher Nationalität auch immer), mit anschließendem Cocktailabend oder Kneipenbesuch wird finanziell mitunter anspruchsvoll, soll heißen: kostet viel Geld. Stattdessen treffen Sie sich mit Freunden zuhause, jeder bringt was mit oder sie kochen selbst und verbringen einen gemeinsamen Abend.
Selbstgemixte Cocktails schmecken auch gut, und der gemeinsame Abend einschließlich aller Speisen und Getränke ist zuhause wesentlich günstiger als im angesagten Restaurant. Statt eines Kinobesuches schauen sie den Wunschfilm auf DVD, nutzen einen Streamingdienst, oder Sie treffen sich mit Freunden zum Spieleabend.

126. Selbstkochen.

Kaufen Sie die Lebensmittel, die Sie kennen und mögen und kochen Sie selbst. Kochen Sie das Essen, das Ihnen und Ihrer Familie, Ihren Gästen schmeckt. Organisieren Sie Ihre Vorräte, planen Sie Ihre Einkäufe und vermeiden Sie so unnötige Ausgaben für Essen und Trinken.

127. Vorkochen.

Wenn Sie im Kalender sehen, in den folgenden Tagen ist wenig Zeit, kochen Sie im Voraus, so dass das gekochte Essen nur aufgewärmt werden muss. Statt des kleinen Kochtopfes kommt der Größere zum Einsatz, die Gesamtmenge wird größer und Sie sparen so Strom und Zeit.

128. Einkochen.

Wenn Sie Lebensmittelvorräte planen und anlegen, können Sie z.B. saisonales Obst und Gemüse, aber auch andere Lebensmittel haltbar machen durch Einkochen.

129. Topf und Deckel.

Schließen Sie beim Kochen den Deckel, dann bleibt die Hitze im Topf und verdampft nicht im Wortsinne im Raum. Dadurch sparen Sie Energie und Zeit.

130. Saisonal und regional.

Mit Lebensmitteln, die derzeit in der Natur gerade wachsen von Anbietern, die in der Nähe ihres Wohnortes anbauen und produzieren, vermeiden Sie lange Transportwege, unterstützen heimische Anbieter, erhalten hochwertiges Obst, von dessen Herkunft und Qualität Sie sich selbst bei jedem Einkauf überzeugen können und sie werden diese Qualität, auch und gerade weil sie etwas mehr kostet, bewusster genießen. Dadurch sparen Sie eventuell dann auch wieder Geld.

„Die besten Dinge im Leben sind nicht die, die man für Geld bekommt." – Einstein

131. Gärtner werden

Bauen Sie Ihr Obst und Gemüse selbst an. Manche Gewürz-pflanzen brauchen nur einen kleinen Topf, manche wachsen gerne mal in einem Blumenkasten, der am Balkongeländer hängt – oder auf dem Fensterbrett steht, wie z.B. Basilikum, Petersilie, Schnittlauch oder andere. .

132. Haushaltsmittel selber herstellen.

Manche Haushaltsmittel können Sie mit ein paar Zutaten für wenig Geld selber herstellen. Dann waschen Sie eben mit Ihrem eigenen Woll- oder Feinwaschmittel, mit dem eigenen Weichspüler. Stellen Sie eigene Fleckenentferner her, eigene Seife oder Geruchsstopper und mehr. Alles Do-it-yourself und nicht nur preisgünstig, sondern sogar in Herstellung und Wirkung bio und ökologisch unbedenklich.

133. Besuchen Sie mal wieder einen Wochenmarkt.

Kaufen Sie gut ein, kaufen Sie bewusst und kaufen Sie Qualität. Oberndrein kaufen Sie bio und – auf dem Markt durchaus üblich - direkt vom Erzeuger. Manche Händler bieten ihre Ware kurz vor Marktschluss vielleicht auch günstiger an. Durch den bewussteren Einkauf hochwertiger Produkte werden Sie auch bewusster konsumieren und somit Geld sparen können

134. Trinken Sie mehr Wasser statt Limonaden oder Softdrinks.

Limonaden und Softdrinks sind stark verarbeitete Lebens-mittel, enthalten viel Zucker und sind vergleichsweise teuer. Deshalb steigen Sie um auf Tee, Wasser oder Kaffee. Auch Kaffee - mit Maß - dürfte gesünder sein als teure Softdrinks.

135. Trinkwasser selbst sprudeln.

Rechnen Sie's mal durch, was günstiger ist; ob Sie nach ein paar Tagen eine neue Kiste Mineralwasser holen oder ob Sie sich ein Sprudelgerät besorgen, und ihr Sprudelwasser selbst herstellen. Gut möglich, daß Sie dadurch Geld sparen, wenn das selbstgesprudelte Wasser Ihnen schmeckt..

136. Babynahrung selbst zubereiten.

Anstatt Babynahrung zu kaufen, bereiten Sie diese selber zu. Sicher möchten Sie das Beste für Ihr Kind. Dann kann es günstiger sein, die besten Lebensmittel, die sie bekommen, selber einzukaufen und daraus dann das Beste für Ihr Kind selber zubereiten.

137. Brot backen

Wenn Sie gutes Brot mögen, wenn Sie unter Unverträglich-keiten leiden, z.B. gegen Gluten, dann besorgen Sie sich entsprechende Mehle und Zutaten und backen Ihre Brote selber. Wenn Sie auch hier (siehe ‚Vorkochen') statt nur Einem mehrere Brote backen, sparen sie zudem Zeit und Energiekosten.

138. Backe backe Kuchen.

Kuchen backen ist vielleicht etwas Spezielles. Aber wenn sie etwas kreativ sind und Spaß haben am Backen (und Essen), dann können Sie hier auch Geld sparen. Fragen Sie mal, was ein Stück Kuchen/Torte im Cafe oder in der Konditorei kosten, dann besorgen Sie sich ein Rezept für diesen Kuchen und schauen im Lebensmittelhandel, was die Zutaten für dieses Rezept kosten. Sie werden überrascht sein.

139. Kaffee selbst aufbrühen.

Verzichten Sie auf teure Kapseln, Coffee to go oder andere und brühen Sie ihren Kaffee selber auf. Auch ein Filterkaffee kann, wenn er frisch gemacht ist, hervorragend schmecken. Billiger als Taps und Co. ist der Kaffee, ob als Bohne oder zu Pulver gemahlen, allemal. Und Kaffeefilter kosten nicht die Welt.

140. Wasserkocher statt Kochtopf.

Erhitzen sie Wasser im Wasserkocher statt im Kochtopf. Das spart Energie und Kosten, da der Wasserkocher den Inhalt des Behälters direkt erhitzt, der Herd muss zuerst den Boden des Kochtopfes erhitzten, und von dort geht die Wärmeenergie erst ins Wasser.

141. Eierkocher statt Kochtopf.

Kochen sie Eier mit wenig Wasser im Eierkocher statt mit viel Wasser im Kochtopf. Der Eierkocher erhitzt nur eine kleine Fläche und einen Bruchteil der Wassermenge, die im Topf erhitzt werden muss. Dadurch wird weniger Energie benötigt und Geld gespart.

142. Entkalken Sie Kaffeemaschine und Wasserkocher.

Im Leitungswasser ist immer etwas Kalk enthalten, der sich in Leitungen und Rohren absetzt. Diese können verengt oder porös werden, Kalkablagerungen schädigen Leitungen und Ventile, verkürzen die Lebensdauer von Geräten, führen zu schlechterer Wärmeübertragung und damit auch zu höherem Energieverbrauch.

143. Gesundes Essen für Arbeitspausen mitnehmen.

Lassen Sie das alte Pausenbrot wieder zu Ehren kommen, bereiten Sie sich eine Mahlzeit vor, die sie für die Arbeitspause mitnehmen, sparen Sie den Gang zum Kiosk und damit auch bares Geld.

144. Eine Trinkflasche wirkt manchmal Wunder.

Wenn Sie unterwegs sind, nehmen Sie etwas zu trinken mit. Füllen Sie Ihr Lieblingsgetränk in eine wiederverschließbare und auslaufsichere Trinkflasche und verzichten Sie auf PET-Flaschen, die später im Müll landen. Einen Getränkevorrat können Sie preisgünstig zuhause herstellen, lagern und mit Ihrer Trinkflasche täglich etwas mitnehmen. Durch regelmäßiges Trinken beugen Sie dem Heißhunger vor.

145. Reiseproviant von zu Haus mitnehmen.

Wenn Sie verreisen und längere Zeit z.B. mit Auto, Bahn oder Bus unterwegs sind, nehmen Sie sich ausreichend Proviant von zu Hause mit. Bereiten Sie leichte Häppchen (oder auch „Snacks") zuhause vor und sparen den Einkauf an Raststätten oder im Bordbistro.

146. Teilen und sparen.

Ist es Ihnen möglich, Dinge mit anderen zu teilen, wie z.B. Bücher, Werkzeuge oder andere Gegenstände, die sie gerade nicht, andere aber gerade jetzt gebrauchen können? Dann muss nicht jeder die Dinge extra kaufen.
Auch dadurch kann mancher Euro gespart werden, indem Dinge getauscht, statt gekauft werden.

147. *Auf die Gesundheit achten, fit bleiben.*

Beizeiten auf die eigene Gesundheit zu achten und dadurch fit und leistungsfähig zu bleiben, kann bedeutende Kosten verhindern helfen. Ein maßvolles, gesundheitsbewusstes Leben bedeutet dagegen nicht nur Kosten sparen, sondern (sich) Wohlfühlen und Lebensqualität erhalten.

148. *Sport im Freien statt im Studio.*

Statt teure Mitgliedschaftsgebühren im Fitnessstudio zu zahlen, verlegen Sie ihre Sporteinheiten nach draußen. Beim Joggen, Walken oder Wandern bewegen Sie sich zudem an der frischen Luft. Die ist gesünder als die Luft der Klimaanlage im Fitnessstudio.

149. *Den Wasserverbrauch beachten.*

Auch hier ein wenig Achtsamkeit, Empathie, Mitgefühl: Es gibt eine Menge Menschen auf dieser Erde, die etwas darum gäben, auch nur einen Liter (1 L) Wasser zu haben, zum Trinken, zum Kochen, zum Waschen.
Schauen Sie mal in Ihre Nebenkostenabrechnung, was Wasser kostet. Und vergessen Sie die Abwasserkosten nicht.

150. *Das Wasser abdrehen beim Zähneputzen.*

Wenn Sie Ihre Zähne putzen, drehen Sie das Wasser ab und lassen es nicht nutzlos in den Abfluss laufen.
‚Ein paar Liter können so schlimm nicht sein.‘ – Wir putzen 2* am Tag die Zähne. Dabei läuft das Wasser minutenlang. Literweise. 365 Tage im Jahr. Da kommt einiges zusammen. Siehe obendrüber.

151. Zähne regelmäßig putzen und pflegen.

Zahnpflege ist wichtig, weil immens hohe Kosten entstehen können. Auch wenn die Krankenkassen Zahnarztkosten im Allgemeinen übernehmen, können Kosten für Zahnersatz sehr wehtun.

152. Duschen statt baden, und das nur kurz.

Anstelle eines Wannenbades nehmen Sie ein Duschbad. Das erspart nicht nur (frisches) Leitungswasser, sondern damit auch eine Menge Energie, mit der das Wasser aufgewärmt wird. Beim Duschbad werden Shampoo, Schuppen und Schmutz abgespült. Die Haut wird nicht aufgeweicht wie beim Wannenbad, das ist schonender.

153. Geh zu Fuß.

Wenn Sie können, gehen Sie zu Fuß. Das erspart Ihnen Fahrkosten und schont die Umwelt. Sie sind an der frischen Luft, sie bewegen sich und tun damit etwas für Ihre Gesundheit. Außerdem sparen Sie sich durch das zu-Fuß-gehen auch die eine oder andere ‚Indoor'-Sporteinheit.

154. Öffentliche Nahverkehrsangebote nutzen.

Sofern Nahverkehrsmitte wie Busse und Bahnen erreichbar und nutzbar sind, nutzen Sie sie auch. Monats- oder Jahreskarten für den öffentlichen Nahverkehr sind sicher günstiger als die Fahrt mit dem eigenen Fahrzeug.

155. Die Bahn-Card.

Wenn Sie öfter mit der Bahn fahren, nutzen Sie die Bahncard.

156. Frühzeitig buchen heißt Geld sparen.

Wenn Sie frühzeitig buchen, können Sie Geld sparen. Das gilt nicht nur für die obengenannte Bahncard, sondern auch für Fernreisen. Reiseveranstalter belohnen Entschlussfreudigkeit gerne mit Preisnachlässen.

157. Trampen und sparen.

Wenn Sie ein wenig abenteuerlustig sind, versuchen Sie's mal mit Trampen. Das ist sicher nicht jedermanns Sache, spart aber Geld, da ‚für lau' bei anderen Fahrern mitgenommen werden. Allerdings hat diese Reiseart durchaus ihre Risiken, die Sie bedenken sollten.

158. Fahrrad statt Autofahren.

Anstelle des Autos den Drahtesel zu bemühen hilft Kosten sparen. Ein Fahrradschlauch ist billiger als ein (Satz) Autoreifen. Der Spritverbrauch geht gegen Null. Einzig Ihr Energieverbrauch bzw. Nahrungsbedarf wird ansteigen, denn Sie sind der Fahrradmotor selbst. Dafür werden sich Gesundheit und Fitness spürbar bessern. Und der Umwelt tut's auch gut.

159. Fahrrad

Kaufen Sie sich kein neues, sondern ein gebrauchtes Fahrrad. Das ist viel billiger zu haben, fährt aber sicher genauso gut und wird auch nicht so schnell geklaut. Sie können das „alte" Fahrrad unbesorgt vor dem Laden stehen lassen und einkaufen. Und mit ein bisschen Geschick können Sie das Fahrrad auch selber reparieren und nochmal Kosten sparen.

160. *Das Auto nur wenn nötig nutzen.*

Wann immer möglich, verzichten Sie aufs Auto und sparen damit Kosten für Kraftsoff, Kühl- und Schmiermittel, Verschleiß von Bremsen, Reifen und anderen Teilen sowie den Wertverlust des Fahrzeugs. Wenn Sie das eigene Fahrzeug stehen lassen, sparen sie zudem die Kosten für den Stellplatz am Zielort.

161. *Carsharing statt eigenes Auto.*

Brauchen Sie kein eigenes Auto? Durch einen Rahmenvertrag können Sie günstig ein Auto mieten. Das kann sich lohnen, wenn Sie nicht täglich und nur wenige Kilometer fahren.

162. *Sparen durch gemeinsam fahren*

Wenn sie Pendler sind oder öfter und längere Fahrten mit dem Auto zu absolvieren haben, suchen Sie sich Mitfahrer, die sich auch an den Fahrtkosten beteiligen. Bilden Sie Fahrgemeinschaften und lassen Sie das eine oder das andere Auto stehen. Durch jeden gefahrenen Kilometer verbraucht ein Fahrzeug eine Menge Energie, verliert aber auch an Wert. Hier lässt sich Geld sparen.

163. *Kein neues, sondern ein gebrauchtes Auto.*

Wenn Sie ein neues Auto kaufen wollen, schauen Sie beim Händler ihres Vertrauens nach, was an Gebrauchtwagen angeboten Wird. Schauen Sie bei mehreren Händlern, z.B. nach Ihrem Wunschmodell, nach Preisen, Motorleistung, Kilometerleistung, Ausstattung. Den größten Wertverlust haben PKW Im ersten Jahr nach Erstzulassung.

164. Beim Autokauf nach Aktionen und Sondermodellen schauen.

Fragen sie nach Vorführwagen. Die haben wenige Kilometer gelaufen, sind top gepflegt und oft günstig zu haben. Oder nach Vorgängermodellen, von vor-dem-Facelift. Schauen Sie nach Schnäppchen, Modellen, die offensichtlich vom Hof müssen. Manchmal kann man da einen kleinen Schatz heben. Und fragen kostet ja nix.

165. Umweltschonend und spritsparend fahren.

Durch vorausschauende Fahrweise lassen sich Treibstoff, Verschleiß und damit Kosten einsparen.

166. Möglichst abends, niemals morgens früh tanken

Beobachten und vergleichen Sie Energie- und Treibstoffpreise verschiedener Anbieter. Behalten Sie auch die Entwicklung der Preise im Tagesverlauf im Auge, soweit möglich.
In der Regel werden an Tankstellen morgens die höchsten Preise verlangt. Gegen (Nach--) Mittag sinken die Preise dann. Desterwegen tanken Sie möglichst nachmittags oder abends.

167. Regelmäßige Wartung für Auto und technische Geräte.

Lassen Sie Ihr Auto wie auch andere technische Geräte regelmäßig warten und überprüfen. Zündung, Schmier- und Kühlmittel, Reifen, Bremsen und vieles mehr sollten regelmäßig vom Fachmann nachgesehen und Ihr Fahrzeug auf einwandfreie Funktion und Sicherheit überprüft werden. Das lässt Ihr Auto länger halten, Sie können sicherer fahren, und es hilft immense Kosten sparen.

168. Auch bei Autowerkstätten Preise vergleichen.

Wenn Sie schon länger Autobesitzer sind, wissen Sie, was Fahrzeugwartung kostet. Fragen Sie in ihrem Umkreis nach empfehlenswerten Meisterwerkstätten. Die können gleichwertige Leistungen möglicherweise günstiger anbieten als die Werkstatt Ihres Autohändlers, der vertraglich an eine Automarke und damit auch an deren Standards und Preise gebunden ist.

169. Regelmäßig Reifenluftdruck prüfen

Prüfen Sie regelmäßig den Luftdruck in den Reifen Ihres Fahrzeuges. Der richtige Reifendruck gewährleistet um einen die Kraftübertragung beim Fahren, (wichtig!) beim Lenken und Bremsen. Ein zu hoher oder zu niedriger Druck verursacht auch erhöhten Energieverbrauch, höheren Verschleiß und entsprechende Kosten.

170. Reifen selber wechseln.

Wenn Sie selber schrauben möchten (und können), dann wechseln sie die Sommer- und Winterreifen selber und sparen die Kosten für die Werkstatt. Sollten Sie die Reifen aber vorher auswuchten lassen, müssen sie wahrscheinlich sowieso in die Werkstatt.

171. Kleine Reparaturen selber durchführen.

Eine Arbeitsstunde in einer Vertragswerkstatt kann schon mal gut und gerne um die €100,- (einhundert Euro!) kosten. Da lohnt es sich vielleicht für den versierten Schrauber, selbst kleine Reparaturen durchzuführen. Achten Sie aber in Ihrem eigenen Interesse darauf, daß unter der Begeisterung fürs Sparen die Fahrsicherheit zu leiden hat.

172. Ersatzteile gibt's auf Schrottplätzen, beim Autoverwerter.

Bevor sie Ersatzteile teuer im Fachhandel kaufen, schauen Sie, ob Sie beim Autoverwerter finden, was Sie für die Reparatur brauchen. Der Schrauber kann hier sicher Kosten sparen.

173. Auto selbst waschen.

Wenn Sie mit der Basiswäsche in der Waschanlage nicht zufrieden sind, dann waschen Sie ihr Auto selbst. Aber tun Sie das bitte in einer Selbstwaschanlage. Autowaschen ist auf Privatgelände meist nicht(!) gestattet, da wassergefährdende Stoffe, wie z.B. Reinigungsmittel und Ölrückstände, nie ins Grundwasser oder in Regenwasserkanäle gelangen dürfen.

174. Unnötige Verbraucher ausschalten.

Um möglichst energiesparend mit dem Auto unterwegs sein zu können, schalten Sie nach Möglichkeit die Klimaanlage/Air Condition aus, und auch die Standheizung. Die normale Heizung und Lüftung tun's auch.

175. Luftfilter regelmäßig reinigen.

Abhängig von Fahrstil, Kilometerleistung und Witterung muss hin und wieder der Luftfilter gereinigt oder sogar gewechselt werden. Gelangen durch einen defekten Filter Fremdstoffe in den Motor können teure Schäden entstehen. Der Selbstschrauber kann auch hier ein paar Euro sparen.

„Wenn man das Geld richtig behandelt ist es wie ein folgsamer Hund, der einem nachläuft." – Hughes

176. Keine unnötigen Dinge spazieren fahren.

Wenn Sie Dinge im Auto spazieren fahren, bedeutet das zusätzliches Gewicht, das der Motor beim Gas geben auch mit beschleunigen muss. Als Faustregel nehmen wir mal an, dass eine Zuladung von 100 kg einen Mehrverbrauch von ca. 1 L (ein Liter!) verursacht. Um Sprit und Geld zu sparen, misten Sie den Kofferraum aus und sparen so Gewicht und Kosten.

177. Produktsammlungen müssen nicht sein.

Nostalgie hin oder her: Wenn Sie kein Museum zuhause einrichten und betreiben wollen, dann misten sie regelmäßig aus. Dinge, die andere Menschen vielleicht noch haben oder gebrauchen möchten, können Sie ja verkaufen. Nutzen Sie Hierfür Online-Plattformen. Schaffen Sie Ordnung im Haus. Beseitigen Sie Staubfänger und nutzlose Rumsteherchen.

178. Teure und unsinnige Kurse vermeiden.

Auch wenn Weiterbildung grundsätzlich nützlich und gut ist, vermeiden Sie die Teilnahme an nutzlosen Kursen, die nur Zeit und Geld kosten. Wenn etwas Interessantes angeboten wird, fragen Sie sich vor der Buchung des Kurses, was Sie hinterher damit anfangen können und ob der persönliche Nutzen, den Sie davon haben, auch den Geld- und Zeitaufwand wert ist.

179. Filmabend zuhause statt Kinoabend.

Haben Sie noch alte Filme auf DVD. Veranstalten Sie einen Filmeabend mit Familie und Freunden. Sparen sie sich die Kinokarten und schauen Sie alte Filme, garantiert ohne Werbeunterbrechung, mit Nostalgie (Weißt du noch ...?) und in angenehmer, weil gewohnter Gesellschaft und Umgebung.

180. Gibt's günstige Angebote im Kino?

Unter der Woche sind Kinotickets günstiger als am Wochenende. Und in vielen Kinos gibt es auch noch den Kinotag mit besonders günstigen Ticketpreisen. Fragen Sie einfach mal nach. Vielleicht wird's dann was mit dem (kostengünstigen) Kinobesuch.

181. Bücher lesen und dafür Netflix und Co kündigen.

Lesen Sie alte und neue Bücher und verzichten Sie auf teure Abonnements, die sonst nur Ihrer Unterhaltung und Zerstreuung dienen. Lesen bildet. Sparen teure Abo-Kosten.

182. Bücher gebraucht kaufen.

Sie müssen sich Ihren Lesestoff ja nicht neu kaufen, auch wenn Buchhändler sich freuen über Menschen, die das Lesen neu entdecken. Kaufen Sie Bücher gebraucht z.B. online.

183. Bücher gratis lesen.

Bei manchen Onlinehändlern gibt es die Möglichkeit E-Books gratis herunterzuladen und zu lesen. Oder Sie suchen und nutzen bei Bücher- und Tauschbörsen die Gelegenheit, zu tauschen und kostenfrei zu lesen.

184. Mietkosten reduzieren.

Haben Sie schon mal Ihre Wohnung nachgemessen? Oder zahlen Sie eine zu hohe Miete für eine zu kleine Wohnung? Gibt es Mängel die eine Mietminderung rechtfertigen? Lassen

185. In eine kleinere Wohnung einziehen.

Brauchen Sie wirklich alle Zimmer, all den Platz in der großen Wohnung? Oder täte es eine kleinere Wohnung auch? Sie hätten dann natürlich weniger Platz. Aber Sie hätten dann auch weniger Miete zu zahlen, weniger Heiz- und Nebenkosten; Sie müssten weniger wischen, staubsaugen, Fensterputzen, hätten mehr Geld übrig und mehr freie Zeit.

186. In eine kostengünstige Wohngegend wechseln.

Wenn es schon keine kleinere Wohnung sein darf, dann suchen Sie nach einer günstigeren Wohngegend, nach einer Gegend, wo die Miet- und Lebens-haltungskosten niedriger und somit erschwinglicher sind.

187. Leerstehende Zimmer vermieten.

Haben Sie in Ihrer Wohnung ein leerstehendes Zimmer? Vermieten Sie es an Untermieter und schaffen Sie so ein zusätzliches Einkommen, mit dem Sie Wohnungskosten wenn auch nicht verringern, so doch gegenfinanzieren können. Klären Sie aber bitte vorher, ob Untervermietung zulässig ist.

188. Ausmisten, verschenken, verkaufen.

Was können Sie noch gebrauchen? Was benötigen Sie zum Leben ganz dringend? Was ist Ihnen wichtig? Und was nicht? Sortieren Sie Ihre Habseligkeiten und alles, was sich an Restbeständen der Vergangenheit so findet. Was Sie nicht mehr haben wollen, verkaufen Sie online oder auf dem Flohmarkt. Oder Sie verschenken's an Freunde. Schaffen Sie sich durch die Verkäufe ein bisschen Einkommen. Und vor allem: Schaffen Sie Platz.

189. *Geschenke selbst basteln.*

Wenn Sie gerne persönliche Geschenke machen, basteln Sie mal wieder. Vermeiden sie so teure Einkäufe und sparen Sie Geld. Suchen Sie auf einschlägigen Internetseiten nach Ideen und Anregungen für persönliche Präsente statt kostspieliger Geldausgaben.

190. *Hausarbeiten selbst erledigen.*

Rasen mähen, Unkraut jäten, Treppe putzen, Straße kehren, malern, kleine Reparaturen und Arbeiten rund ums Haus könnten von Firmen professionell erledigt werden. Aber statt teure Handwerkerrechnungen zu beklagen könnten die Bewohner des Hauses die anfallenden Arbeiten auch selbster erledigen. Das spart Nebenkosten.

191. *Plastik- und Einwegbesteck vermeiden.*

Verwenden Sie kein Einwegbesteck sondern abwaschbares Besteck, das Sie bei anderen Gelegenheiten dann wieder verwenden können. Es entsteht weniger Kunststoffmüll, sie haben weiter Ihr Besteck im Schrank und müssen auch kein Neues kaufen, sparen also auch hier ein bisschen Geld.

192. *Intelligente Thermostate helfen sparen*

Intelligente Thermostate oder programmierbare Heizungs-regler sorgen dafür, daß Räume zur gewünschten Zeit und rechtzeitig ausreichend und mollig warm geheizt sind. Wird der Raum nicht genutzt, ist niemand da, regelt das Thermostat die Heizung herunter und hilft so beim Senken der Heizkosten.

193. *Heizung runterdrehen, aber nie ganz aus.*

Sie können bis 6% Heizkosten sparen mit jedem Grad Temperaturabsenkung. Allerdings kostet das Aufheizen eines ausgekühlten Raumes mehr Energie als sie vorher ein-sparen konnten. Außerdem drohen durch Frost eingefrorene Leitungen sowie Schäden durch Schimmelbildung wegen der an kalten Wänden kondensierenden Luftfeuchte.

194. *Keine Möbel vor die Heizung stellen.*

Stellen Sie möglichst keine Möbel vor die Heizung. Schließlich soll der Heizkörper für Wärme im Raum sorgen und nicht das davor stehende Möbel zum Kochen bringen. Haben Möbel, die zu dicht vor der Heizung stehen, empfindliche Ober-flächen, kann es durch Überhitzung zu teuren und folgen-schweren Schäden an den Möbeln kommen.
Wenn Sie nicht anders können, als ein Möbel, einen Sessel oder ein Schrankmöbel, vor einen Heizkörper zu stellen, dann rücken sie das Möbelstück etwa 30 cm vom Heizkörper ab, so dass die warme Luft zischen Heizkörper und Möbel an den Seiten sowie oben und unten zirkulieren und so auch den Raum erwärmen kann.

195. *Die Heizung regelmäßig entlüften.*

Wenn die Heizung blubbernde Geräusche macht, sich kaum erwärmt oder ganz kalt bleibt, muss das nicht heißen, daß die Heizung kaputt ist. Wahrscheinlich ist nur zuviel Luft in der Heizung bzw. im Heizkörper. Durch das Fehlen des Wassers als Wärmeleiter wird die Wärme nicht mehr zum Heizkörper transportiert, die Räume bleiben kalt. Dadurch geht Energie verloren. Durch rechtzeitiges Entlüften sparen Sie viel Geld.

196. Undichtigkeiten beseitigen und Heizkosten zu sparen.

Durch Undichtigkeiten in Fenstern und Wänden findet ein Luftaustausch zwischen drinnen und draußen statt. Es zieht. Dabei geht auch eine Menge Wärme verloren, die dann wider durch zusätzliches Heizen ersetzt werden muss. Wir wollen ja nicht frieren, auch wenn's zieht. Dabei steigen die Heizkosten. Das zu verhindern beseitigen Sie Undichtigkeiten, um Heizkosten zu senken und ab sofort Zugluft zu verhindern, die nicht nur unangenehm, sondern auch ungesund ist.

197. Statt Dauerlüften mit gekippten Fenstern lieber kurzes Stoß-lüften mit vollständig geöffneten Fenstern.

Öffnen Sie die Fenster vollständig und lüften Sie lieber wenige Minuten statt stundenlang die Fenster gekippt zu lassen. Durch gekippte Fenster entstehen unangenehme Zug-erscheinungen, die für Erkältung sorgen können. Durch Sie entweichen fortwährend unkontrolliert Luft und Wärme, die nachgeheizt werden müssen. Das kostet unnötig Geld

198. Stoffwindeln statt Einwegware.

Ein Kleinkind wird während des Windelalters etwa 5000-mal in Windeln gewickelt, die gekauft und entsorgt oder gereinigt und wiederverwendet werden. Einwegwindeln werden samt Inhalt im Hausmüll entsorgt und später verbrannt. Stoff-windeln müssen erst geleert, dann gewaschen werden, bevor sie wieder verwendet werden. Dies zwar nicht endlos, aber doch mehrmals, was Kosten spart und Ressourcen schont

„Geld ist der sechste Sinn. Der Mensch muss ihn haben, denn ohne ihn kann er die anderen fünf nicht voll aus-nützen." – W.S. Maugham

199. Glühbirnen durch LED ersetzen.

Die gute alte Glühbirne kann durch LED ersetzt werden. Gründe hierfür sind die Kosteneinsparung durch ca. 90% weniger Energieverbrauch und ein Vielfaches an Lebensdauer zugunsten der LED-Lampe.

200. Spül- oder Waschmaschine nicht halbvoll starten.

Starten Sie Waschprogramme nur, wenn die Maschine voll ist. Strom und Wasser kosten jedes Mal Geld. Wasserenthärter und Waschmittel gibt's auch nicht gratis. Der Verschleiß kommt noch dazu. So erzeugt jeder neue Durchlauf Kosten, die möglichst effizient genutzt werden sollten.

201. Wäsche kälter waschen.

Auch bei niedrigeren Temperaturen können durchaus befriedigende Waschergebnisse erzielt werden, wenn das Waschmittel sich dafür geeignet ist. Erkundigen Sie sich, ob Ihr Waschmittel auch für niedrigere Temperaturen geeignet ist. Damit können Sie nicht nur Energie sparen. Zusätzlich wird durch das weniger heiße Wasser das Gewebe geschont und die Farben bleiben länger schön.

202. Kleidung im Freien statt im Trockner trocknen.

Sparen sie Energie , indem Sie frisch gewaschene Kleidung im Freien zum Trocknen aufhängen statt sie in den Trockner zu stecken. Je nach Stromverbrauch des Gerätes und nach Anzahl der Maschinenfüllungen, die getrocknet werden müssen, summieren sich die Stromkosten.

203. Kühl- und Gefrierkombis sind günstiger und sparsamer.

Kühl-und Gefrierkombigeräte sind in Anschaffung und Aufstellung günstiger, da nur ein Gerät gekauft und aufgestellt werden muss. Wenn beide Geräte über ein einziges Aggregat betrieben werden, wird auch etwas weniger Energie verbraucht, was weitere Kosteneinsparung bringen kann. Allerdings gibt es auch Nachteile, da die Kapazität begrenzt ist, Abtauen und Reinigen ist nicht getrennt möglich ebensowenig wie der Austausch von Teilgeräten.

204. Induktionsplatten statt Elektroherd.

Das Argument für Induktionskochfelder ist ihre Energieeffizienz. Sie verbrauchen weniger Energie als herkömmliche Herdplatten. So können Sie 20%-30% Stromkosten sparen.

205. Den Elektroherd früher ausschalten.

Schalten Sie den Elektroherd bzw. auch den Ofen ein paar Minuten früher aus und nutzen Sie die Resthitze. Dadurch sparen Sie Energie und Stromkosten.

206. Qualitativ hochwertige Haushaltsgeräte

Erwerben Sie hochwertige Haushaltsgeräte. Diese werden erfahrungsgemäß aus ebenfalls hochwertigen Materialien konstruiert, haben eine höhere Lebensdauer und helfen dadurch, Kosten zu sparen, weil nicht allzu schnell für Ersatz gesorgt werden muss.

„Ein weiser Mensch sollte Geld im Kopf haben, aber nicht im Herzen." – J. Swift

207. Licht ausschalten, insbesondere dekorative Beleuchtung.

Schalten Sie in Räumen, in denen sich niemand aufhält, die Beleuchtung aus und sparen Sie so wertvolle Energie. Verzichten Sie auf dekorative Beleuchtungen, die stundenlang und ohne bewertbaren Nutzen hat erzeugen und dabei Strom verbrauchen. Sparen Sie die Energiekosten und sparen Sie ebenso die Anschaffungs- und gegebenenfalls Reparaturkostenkosten.

208. Die tägliche Fernsehzeit reduzieren.

Reduzieren Sie die tägliche Zeit vor der Glotze. Insbesondere die Zeit, in der Werbung läuft. Durch Werbung machen Anbieter aufmerksam auf Ihre Produkte. Alles ist so chic, so wichtig, und - was keiner sagt - es ist teuer, immer wieder Neues zu kaufen. Und es kostet Ihr(!) Geld, das Sie sich verdient und gespart haben, und das Sie ja sicher nicht so einfach wieder ausgeben wollen? ... Oder?

209. Schalte Geräte aus statt auf Standby.

Moderne Elektrogeräte verbrauchen weniger Energie, auch im Standby-Modus. Trotzdem lässt sich eine kleine Ersparnis erzielen durch Abschälten der Geräte. Allerdings brauchen manche Geräte einen gewissen Nachlauf im Standby für automatische Regenerationsläufe des Displays um Schäden zu verhindern. Deshalb empfiehlt sich eine programmierbare Steckerleiste, die nach einer gewissen Zeit den Strom ganz abschaltet und die Geräte vom Netz nimmt.
Auch Netzgeräte sollten vom Stromkreislauf getrennt werden, da sonst immer ein kleiner, aber messbarer Kriechstrom abgezogen wird. Im Lauf der Zeit kann sich da einiges aufsummieren. Deshalb: Besser Stecker rausziehen!

210. *Reduziere die Anzahl elektrischer Spielzeuge, Spielekonsole, Smart- oder I-phone, Tablet, etc.*

Reduzieren Sie die Anzahl elektronischer Spielzeuge, die alle mit eigenem Stromanschluß, Netzteil oder Akku betrieben und immer wieder am Netz aufgeladen werden müssen. Reduzieren Sie den Stromverbrauch und Ihre Gesamtkosten.

211. *Stromfresser finden.*

Gehen Sie in Ihrem Haushalt auf die Suche nach Stromfressern, die unentdeckt und heimlich unheimlich viel Energie verbrauchen und Kosten verursachen, so kann z.B. der Mehrfachstecker oder eine ungenutzte Verlängerungsleitung, das momentan nicht genutzte Netzteil, das Ladegerät, das noch an der Steckdose hängt ebenso wie der auf Standby laufende Fernseher permanent Strom ziehen und damit für steigende Kosten sorgen. Ein Stromverbrauchsmessgerät hilft, den Verbrauch aller einzelnen Verbraucher zu ermitteln und si die monatliche Stromrechnung im Rahmen zuhalten.

212. *Diebstahl*

Schützen Sie sich, und schützen Sie Ihr Hab und Gut vor Einbruch und Diebstahl. Lassen Sie sich bezüglich Sicherheitstechnik für Haus und Hof beraten und treffen Sie Ihre Vorkehrungen, Lassen Sie eine Alarmanlage einbauen sowie sichere Fenster und Türen, fürs Fahrrad besorgen Sie ein stabiles Schloss und Ihre Onlinezugänge im Netz, Ihre Profile, Mailbox, Ihr Handy etc. schützen Sie mit einem sicheren (!) Passwort, welches Sie ganz sicher hin und wieder wechseln.

„Reichtum besteht nicht darin, ein großes Vermögen zu besitzen, sondern wenige Wünsche zu haben". – Epiktet

213. *Reparieren statt wegwerfen.*

Dingen ein neues Leben geben durch eine liebevolle und sorg-
fältige Reparatur oder Aufarbeitung anstatt gleich wieder
etwas Neues zu kaufen kann helfen, Haushaltskosten zu
sparen, Müll vermeiden und Ressourcen schonen.

214. *DIY-Portale nutzen*

Suche Sie sich in Do-it-yourself- (DIY-) Portalen Anregungen,
Beratung und Unterstützung und versuchen Sie Dinge selbst
herzustellen und zu reparieren. Wie bereits und „Upcycling"
beschrieben, können Sie mit ein paar guten Ideen und etwas
Zeit aus scheinbar unnützem Krempel, vielleicht sogar aus
Abfall und Resten noch etwas Schönes entstehen lassen:
Geschenke, Haushalts- oder Gebrauchsartikel, was dann
wieder hilft, Geld zu sparen.

215. *Die Onlineausgabe der Tageszeitung nutzen.*

Legen sie Wert auf die Druckausgabe einer Tageszeitung? –
Wenn nicht, bestellen Sie das Abonnement ab und nutzen Sie
stattdessen die Onlineausgabe

216. *Ungenutzte Abos abbestellen.*

Wie viele Zeitschriften oder anderes haben Sie abonniert?
Was und wie viele davon nutzen und lesen Sie wirklich?
Sparen Sie sich das Geld und bestellen Sie alle Abonnements
ab, die Sie nicht mehr benötigen bzw. an denen Sie nicht mehr
interessiert sind. Sie sparen dadurch mehrere Hundert Euro
pro Jahr.

217. *Den Garten mit Regenwasser wässern.*

Statt teures Leitungswasser für die Gartenbewässerung zu verwenden, sammeln Sie das Regenwasser und verwenden dieses fürs Giessen. Regenwasser ist gratis verfügbar, und einen ausreichend großen Behälter gibt's im Baumarkt.

218. *Urlaub an weniger bekannten Zielen planen.*

Urlauben Sie an weniger bekannten Zielen, wo sie noch selbst entdecken können und müssen, wo es noch keinen Massentourismus gibt. Hotels und touristische Angebote werden einfacher sein, die Preise für Unterkunft, Verpflegung und Gäste- bzw. Kurbeitrag dafür umso erschwinglicher.

219. *Innerhalb Deutschlands reisen.*

Auch in Deutschland gibt es faszinierende Reiseziele zwischen Flensburg und Freiburg zu erkunden, zwischen Bredstedt und Berchtesgarden. Verreisen Sie mit dem Fahrrad, mit dem Auto, mit der Eisenbahn und erkunden Sie Ihre Lieblingsreiseziele in Deutschland. Sparen sie teure Flugreisen und wohnen sie in Gasthöfen oder kleinen Hotels entlang Ihrer Reiseroute.

220. *Hotelpreise vergleichen.*

Vergleichen Sie online oder im Reisebüro Hotelangebote und Preise.

„Zu viele Menschen geben Geld aus, das sie nicht haben um Dinge zu kaufen, die sie nicht wollen, um Menschen zu beeindrucken, die sie nicht mögen." – Will Rogers

221. Außerhalb der Hauptsaison reisen.

Reisen Sie antizyklisch. Verreisen Sie in der Nebensaison und nutzen Sie die günstigeren Angebote außerhalb der Hauptreisezeiten. Ganz nebenbei dürfte es an den meisten Reisezielen während der Nebensaison deutlich ruhiger und damit erholsamer sein. Attraktionen sind dann auch nicht so überlaufen wie während der Hauptreisezeiten, und die Warteschlangen nicht so lang.

222. Eine günstige Fluggesellschaft wählen.

Beachten sie bei der Wahl der Fluggesellschaft: Wo und wann ist der Abflug, wann ist die Ankunft geplant? Sind Zwischenlandungen eingeplant? Wie lange dauert der Flug bzw. die gesamte Reise? Welche Verpflegung wird angeboten? Was kostet das Flugticket? Was kostet die Fahrt zum Flughafen? Was kostet der Parkplatz fürs eigene Auto? Welche Reisekategorien werden angeboten? Sind die Sitze auch bequem?

223. Last minute buchen.

Wenn Sie flexibel sind, buchen Sie last-minute. Sie verreisen quasi von heute auf morgen, ohne lange Vorbereitung. Manche Anbieter bieten Last-minute-reisen bereits 14 Tage vor Reiseantritt an und ermöglichen ihren Kunden Preisnachlässe10 bis 20%.

224. Kostensparende Citypässe.

Nutzen Sie Citypässe. Damit erwerben Sie eine Eintrittskarte für die wichtigen Attraktionen und Sehenswürdigkeiten einer Stadt. Das ist günstiger als der Erwerb einzelner Eintrittskarten. Mancher Stadtpass ermöglicht außerdem die Nutzung des öffentlichen Nahverkehrs.

225. Flugticket frühzeitig buchen, sparen mit Frühbucherrabatt.

Reiseveranstalter gewähren Rabatte, wenn die Buchung einer Reise bereits vier bis sechs Monate vor Reiseantritt gebucht wird. Manche Hotels bieten Frühbucherrabatte an für Gäste, die sich frühzeitig festlegen können und wollen. Das kann ein Rabatt auf den Zimmerpreis sein sowie auch ein Gästeguthaben im Haus.

226. Ferienwohnung oder –haus statt Hotel

Verreist man mit der Familie / mit mehreren Personen, ist zu überlegen, ob es nicht günstiger ist, eine Ferienwohnung oder ein Ferienhaus zu mieten. Herbei sind zwar die Kosten für die tägliche Verpflegung zu beachten. Dafür ist man im Urlaub ungestört und stört auch keine anderen Urlaubsgäste.

227. Selbstversorger auf Reisen

Kochen Sie im Urlaub selbst, wenn Sie in einer gemieteten Ferienunterkunft wohnen. Eine Unterbringung im Hotel (s.o.), sei es Übernachtung mit Frühstück, Halb- oder Vollpension, ist teuer und nicht für jeden bezahlbar. Tägliches Essen in Restaurants zum Frühstück, Mittag- oder Abendessen, bedeuten zusätzliche Kosten und belasten die Urlaubskasse. Günstiger ist, selbst für die Verpflegung zu sorgen.

„Eine Investition in Wissen bringt immer noch die besten Zinsen." – B. Franklin

228.Camping kann eine günstige Alternative sein.

Camping kann eine günstige Form des Urlaubs sein, wenn Sie im Besitz der erforderlichen Ausrüstung (Zelt, Schlafsack, Kocher und Zubehör, Geschirr, etc.) sind oder diese günstig besorgen können. Ein Urlaub im gemieteten Wohnwagen oder Mobil kommt dagegen einem Hotelurlaub nahe.

229.Gratis wohnen

Wer auf Reisen kostenlos wohnen will, sollte bereit sein, mitzuarbeiten als Mitsegler, beim Volunteering oder beim „woofen" als freiwilliger Helfer auf ökologischen Farmen sowie als Au-pair bei Gastgeberfamilien oder als Housesitter in Ferienvillen. Außerdem wäre da noch das Trampen, das Couchsurfing und der Haustausch zu nennen.

230.Reiseversicherungen abschließen.

Denken Sie bei Buchung an eine Reisrücktritts-versicherung, falls was dazwischen kommt. Dann besorgen sie sich eine Auslandsreisekrankenversicherung. Versichern Sie Ihr Gepäck und überlegen Sie, ob Sie noch eine Fahrzeugversicherung benötigen, ob für den Camper oder den Mietwagen.

„Geld hat die Menschen noch nie glücklich gemacht. Wird es auch nicht. Es liegt nicht in seiner Natur, Glück zu schaffen. Je mehr man davon hat, desto mehr will man." B. Franklin

Die 50-30-20-Regel – so geht das:

Zunächst geht es darum, zu lernen einen Überblick über Ausgaben und Kontostand zu bekommen und Geld bewusster auszugeben.
Mit der 50-30-20-Regel teilen Sie Ihr monatliches Einkommen in Teile zu 50%, 30%, 20% für z.B. Fix-kosten, Freizeit und Sparen ein.
(% = Prozent; deutsch: "von hundert")

50% Ihres Einkommens verwenden Sie zur Deckung Ihres Grundbedarfes. Dieser besteht z.B. aus Miete, Strom, Lebensmittel, Handy & Internet, Versicherungen usw.

30% des Einkommens stehen zur Verfügung für Freizeit und Freunde, für Kino und Sport. Sie können sich mal wieder einen Restaurantbesuch gönnen oder neue Garderobe. Wenn dann noch etwas übrigbleibt, legen Sie es bei Seite und bilden sich ein finanzielles Polster.

20% Ihres Nettoeinkommens stehen zur Verfügung als Altersvorsorge, für Anlagen oder den Aufbau von Rücklagen, z.B. als Ansparung für spätere, größere Anschaffungen.

Bei Ihrem Einkommen ist natürlich Ihr Nettoeinkommen gemeint, was übrigbleibt und auf Ihr Konto überwiesen wird, wenn Kranken- und Sozialversicherungsbeiträge, steuerrechtliche Beträge etc. vom Brutto abgezogen sind.

Wenn nötig, fragen Sie bei Ihrer Bank nach einem kostenlosen Zweitkonto zum Girokonto als Haushaltskonto.

Verteilen Sie Ihre Ausgaben ausschließlich auf die Posten Fixkosten (50%) und Freizeit (30%). Der Posten Sparen (20%)ist absolut tabu. Dieses Geld dient dem Vermögensaufbau und der Vorsorge.

Kontrollieren Sie Ihre Ausgaben und ermitteln Sie monatlich neue zusätzliche Einsparmöglichkeiten und schauen, wo Kostensenkungen möglich sind.

So funktioniert Geld sparen mit der Umschlagmethode:

Eine einfache Möglichkeit, sich einen Überblick über die eigenen Finanzen - und die monatlichen Ausgaben - zu verschaffen, bietet die Umschlagmethode. Sie wurde von dem amerikanischen Geschäftsmann und Moderator Dave Ramsey verbreitet.

Dafür werden zunächst einmal alle monatlichen Geldbewegungen auf dem Konto ermittelt und in Kategorien eingeteilt, z.B. indem Sie künftig ein Haushalts- oder Kassenbuches führen, in dem Einnahmen und Ausgaben täglich (!) eingetragen werden.

Auf der Habenseite werden alle Einnahmen aufgelistet: Lohn, Gehalt, Neben-job, Zinseinnahmen, Mieteinnahmen und andere.
Auf der anderen Seite stehen alle fixen und veränderlichen Ausgaben.

Ein Tipp: Fixkosten wie Miete, Nebenkosten, Kredite, Versicherungen u.a. zahlen Sie am besten per Dauerauftrag.

Neben den festen Kosten entstehen weitere Kosten und Ausgaben, die Sie in verschiedene, einige wenige Kategorien einteilen, z.B. Posten für
-       Lebensmittel (Nahrungsmittel, Hygiene, Sauberkeit)
-       Mobilität (fürs eigene Fahrzeug, für Bus&Bahn)
-       Bekleidung, Garderobe
-       Tiere (Futter, Spielzeug, Tierarzt)
-       Ausgehen und Hobbies (Bücher, Kino, Spiele, Sport)
-       Shopping und Diverse sowie einen kleinen Notgroschen
Für jede dieser Kategorien ermitteln Sie den monatlichen Geldbetrag anhand Ihrer Aufzeichnung im Kassenbuch. Diesen Betrag teilen Sie durch vier und legen die Summen in vier gleichfarbige Umschläge, die Sie entsprechend des Monates und der Woche beschriften.
Damit verteilen Sie für jede Kostenkategorie den monatlichen Bedarf auf die vier Wochen des aktuellen Monats. Für jede Woche gibt es einen Umschlag mit einer Geldsumme.

Und jetzt Ihre Aufgabe: Alle Kosten werden ausschließlich aus dem betreffenden Umschlag bezahlt. Achten Sie darauf, dass sie nicht mehr Geld ausgeben, als in dem Umschlag vorhanden ist. Wenn Sie Lebensmittel oder Bekleidung kaufen, dann zahlen Sie nur aus dem diesem Umschlag. Für die anderen Kostenkategorien gilt dasselbe.

Achten Sie also darauf, wie Sie den Wochenvorrat aus dem Umschlag einteilen. Und schummeln Sie nicht.

Sie lernen, einen Überblick über Ihre Finanzen zu bekommen und ein Gefühl für den Umgang mit Geld zu entwickeln. Außerdem lernen Sie Ihr Budget sinnvoll einzuteilen.

Wenn's einmal nicht ausreicht, suchen Sie nach Möglichkeiten, wo Sie sparen können und ermitteln Sie den ausreichenden Betrag für die Kategorie neu. Und wenn etwas übrig bleibt, dann umso besser. Legen Sie sich ein Geldpolster an, investieren oder sparen Sie etwas an. Oder gönnen Sie sich einmal eine kleine Belohnung.

Für Notfälle sollten Sie sich einen Notgroschen (s.o.) auf die Seite legen. Das erspart die eine oder andere böse Überraschung.

Ökonomische Prinzipien:

Nach dem Minimum-Pronzip versuchen Sie, mit einem Minimum an Aufwand und Einsatz ein vorgegebenes Ziel zu erreichen.

Nach dem Maximum-Prinzip versuchen Sie, mit einem vorgegebenen Aufwand und Mitteleinsatz ein maximales Ergebnis zu erzielen.

Ökonomisches (wirtschaftlich optimales) Handeln bedeutet also: Wir streben immer ein möglichst günstiges Verhältnis von Aufwand und Ergebnis an.

„Es gibt kaum etwas auf dieser Welt,

das nicht jemand ein wenig schlechter machen

und etwas billiger verkaufen könnte.

Und die Menschen, die sich nur am Preis orientieren,

werden die gerechte Beute solcher Machenschaften.

Es ist unklug, zuviel zu bezahlen,

aber es ist genauso unklug zu wenig zu bezahlen.

Wenn Sie zuviel bezahlen, verlieren sie etwas Geld, das ist alles.

Bezahlen sie dagegen zu wenig, verlieren Sie manchmal alles,

weil der gekaufte Gegenstand die zugedachte Aufgabe nicht erfüllen kann.

Das Gesetz der Wirtschaft verbietet es,

für wenig Geld viel Wert zu erhalten … Das funktioniert nicht.

Nehmen Sie das niedrigste Angebot an,

müssen Sie für das eingegangene Risiko etwas hinzurechnen.

Wenn Sie das aber tun, dann haben Sie auch genug Geld,

für etwas Besseres zu bezahlen.“

- John Ruskin -

John Ruskin (1819 - 1900)
britischer Kunsthistoriker, Zeichner, Schriftsteller und Sozialphilosoph

Inhalt (alphabetisch)

Euro - Geld - Sparen - Konto - Bank

Sparkasse - Dispo - Zins - Guthaben

Einkommen - Haushalt - Planung - Neu

Buchführung - Soll&Haben - Ausgaben

Einkommen - Zins - Verzicht - Kosten

Ratenzahlung - Finanzierung - Preis

Kreditkarte - Tarif - Rechnung - Giro

Skonto - Nachlass - Preiswert - Zahlung

Cashback - Bonus - Sparbuch - Police

Rabatt - Nachnahme - Steuer - Limit

Sparschwein - Reserve - Bar - Jährlich

Münzen - Sondertilgung - Produkt

Rahmenkredit - Umschulden - Kasko

Förderung - Zusatztarif - Vergleich

Anbieter - Gutschein - Coupon - Neu

Recycling - Qualität - Gebraucht - Billig

Ausleihen - Upcycling - Hausmarke

Premium - Gratis - Selbst - Notwendig

Verbrauch - Nötig - Günstig - Reduziert